谨以本书献给坚持梦想的创业者

避免败局

股权设计七步通

杨维维 著

电子工业出版社·

Publishing House of Electronics Industry

北京·BEIJING

图书在版编目（CIP）数据

避免败局：股权设计七步通 / 杨维维著 . —北京：电子工业出版社，2021.9

ISBN 978-7-121-37623-8

Ⅰ.①避… Ⅱ.①杨… Ⅲ.①企业管理－股权管理－研究 Ⅳ.① F271.2

中国版本图书馆 CIP 数据核字（2021）第 158567 号

责任编辑：张　冉
特约编辑：田学清
印　　刷：天津千鹤文化传播有限公司
装　　订：天津千鹤文化传播有限公司
出版发行：电子工业出版社
　　　　　北京市海淀区万寿路 173 信箱　　邮编：100036
开　　本：720×1000　1/16　印张：13　字数：198 千字
版　　次：2021 年 9 月第 1 版
印　　次：2021 年 9 月第 1 次印刷
定　　价：59.00 元

凡所购买电子工业出版社图书有缺损问题，请向购买书店调换。若书店售缺，请与本社发行部联系，联系及邮购电话：（010）88254888，88258888。

质量投诉请发邮件至 zlts@phei.com.cn，盗版侵权举报请发邮件至 dbqq@phei.com.cn。

本书咨询联系方式：（010）88254439，zhangran@phei.com.cn，微信：yingxianglibook。

狄更斯在《双城记》中写道:"这是一个最好的时代,也是一个最坏的时代。"在互联网高速发展的驱动下,抓住机遇的创业者们正在成为引领社会发展、拉动经济增长的新引擎。一些有梦想、有激情、有条件的人,在使命召唤下,开启了创业之旅。

国家统计局发布的《2020年国民经济和社会发展统计公报》显示,日均新登记企业约2.2万家,平均每分钟诞生企业15家(如图0-1所示),独角兽企业、瞪羚企业(创业后跨过死亡谷、以科技创新或商业模式创新为支撑进入高速成长期的中小企业)的数量也逐年增加。

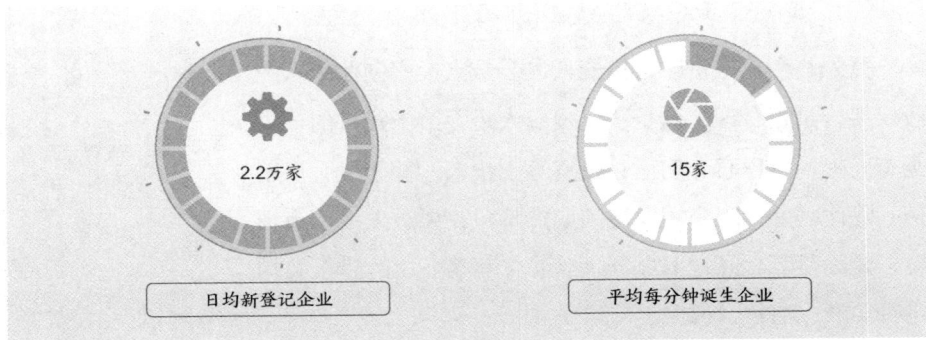

图0-1 国家统计局官网2020年新登记企业数据统计

单丝不成线,孤木难成林。在市场瞬息万变、竞争日益激烈的态势下,同时受个人能力圈、资源、抗风险能力等局限条件的影响,很多人选择合伙创业,集众智、聚众谋、汇众能,抱团探索成功之路。

经纬中国创始管理合伙人张颖曾说，创业 3 年的公司，93% 会死掉，活下来的只有 7%。很多企业会走上"一年发家，二年发财，三年倒闭"之路。其实，很多创业项目的失败不是败在人、产品或运营上，而是败在股权架构上，股权架构不合理将是公司可持续发展的直接障碍和致命隐患，如图 0-2 所示。

创业 **3** 年的公司
93% 会死掉，
活下来的只有 **7%**

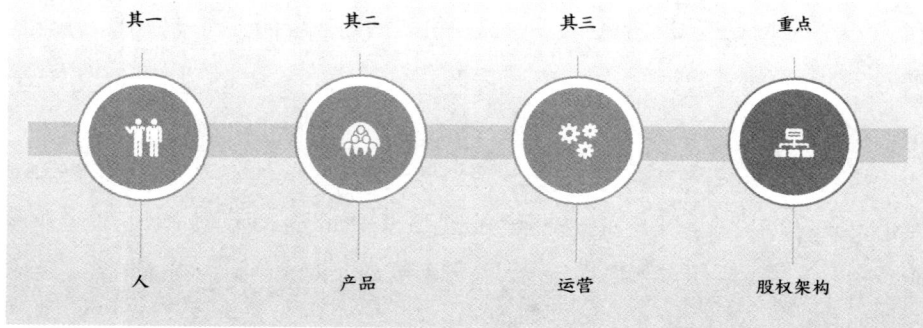

图 0-2　可能导致创业失败的部分原因

另外，企业融资时，投资人也会重点考察创业团队的股权架构是否合理，这是决定投资人是否给予投资的一个基本前提，所以有一句话：投资等于投人，等于投股权架构。除此之外，当公司发展到成熟阶段，要进入资本市场时，无论是三板还是 IPO，都会重点考察公司的股权架构是否明晰、清楚、稳定。

可见，企业的股权架构是否合理将直接决定企业的走向和生死存亡。

因创业初期股权设计不当而引发的各种有关股权保卫战、控制权争夺战、野蛮人阻击战等故事每天都在上演，曾存在股权纠纷的知名公司，国外的有苹果、Facebook、Google 等公司，国内的有西少爷、真功夫、雷士照明等公司，如图0-3所示。

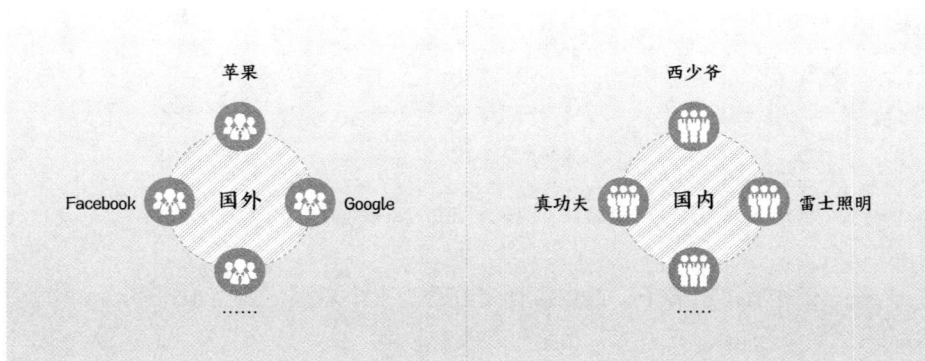

图0-3　曾存在股权纠纷的知名公司示例

创业难，守业更难，创始人更是这场权力游戏中的主角，很多人从一手创办企业、风光无限到一无所有、被踢出局，也就是短短数年时间。

被誉为商界奇才的苹果公司联合创始人史蒂夫·乔布斯曾被董事会撤销了经营大权，而这与乔布斯自己请来的CEO约翰·斯卡利不无关系。不能忍受权力被剥夺的乔布斯，最终选择离开了苹果公司，那个时候苹果公司才刚刚成立九年。

真格基金创始人徐小平曾经说过："创业的基础就是两个，一个是团队，一个是股权架构。"合理的股权设计以规避各种"人性的万一"为根本出发点，通过顶层设计来克服人性的弱点和阴暗面，最终可以从制度执行层面来防止"兄弟式合伙，仇人式散伙"现象的发生。

本书围绕初创企业股权设计的三个核心问题展开，即团队选择、股权设计、机制落实，如图0-4所示。

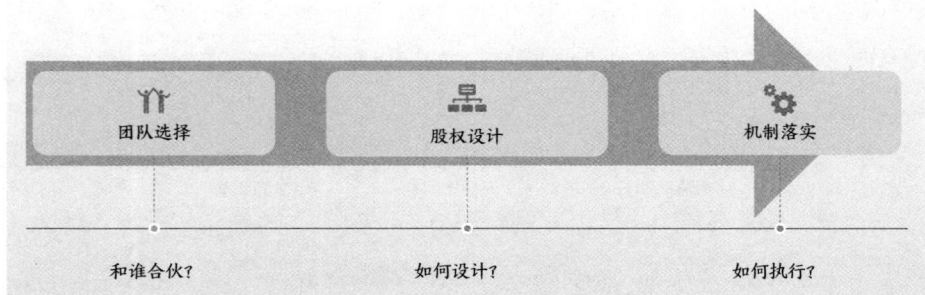

图0-4　创业公司股权设计核心问题

在三个核心的基础上，股权设计又细分为七个步骤，如图0-5所示。

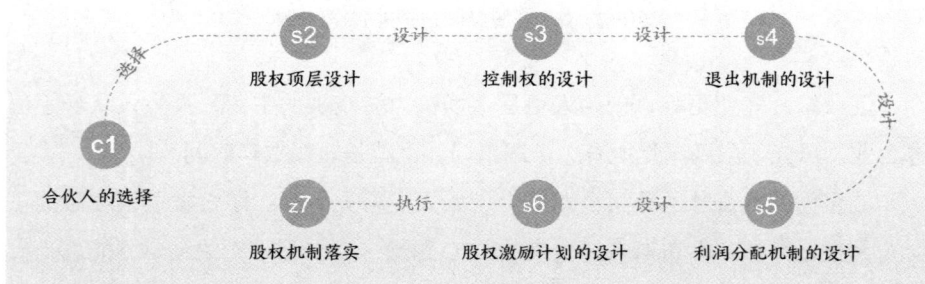

图0-5　创业公司股权设计的七个步骤

第一步　合伙人的选择即团队选择的问题：如何选择合伙人，去哪里寻找合伙人，如何研判潜在合伙人是否合适，以及哪些人不是合伙人的最佳选择

第二步　股权顶层设计

第三步　控制权的设计

第四步　退出机制的设计

第五步　利润分配机制的设计

第六步　股权激励计划的设计

第二步到第六步解决股权设计的问题

第七步　股权机制落实即通过签订股东协议、设计公司章程及公司的登记注册来落实初创企业的股权机制

目录

CONTENTS

1

第一步
合伙人的选择

第一节 选择合伙人的基本原则

第一个基本原则：彼此信任 _3

第二个基本原则：志同道合 _3

第三个基本原则：优势互补 _4

第四个基本原则：能力标配 _5

第五个基本原则：真实出资 _5

案例1：新东方三驾马车 _6

第二节 去哪里寻找合伙人

第一个途径：三老原则_10

第二个途径：熟人推荐_11

第三个途径：渠道招募_12

案例2：百度七剑客_12

第三节 如何研判潜在合伙人是否合适

第一种研判方式：全盘扫描制_15

第二种研判方式：全职顾问制_16

第三种研判方式：全票通过制_16

第四节 四类合伙人须谨慎对待

第一类合伙人：资源承诺者_17

第二类合伙人：兼职合伙人_18

第三类合伙人：财务投资人_19

第四类合伙人：普通员工_19

案例3：股权纠纷，家族企业的成

长之痛_20

2

**第二步
股权顶层设计**

第一节 股权设计的根基

第一个根基：股权设计的根本目的_26

第二个根基：股权设计的底层逻辑_28

第三个根基：关键人才的核心诉求_34

第四个根基：股权九条生命线_36

案例4：马化腾的股权分配策略_46

第二节 股权设计的要素

第一个要素：商业模式设计_48

第二个要素：合伙人角色定位_50

第三个要素：静态的股权分配方法_53

第四个要素：动态股权分割模型_55

第五个要素：持股模式设计_59

第六个要素：股权分期成熟机制_62

第三节 股权分配的禁区

第一个禁区：股权平分_64

第二个禁区：按资分股_65

第三个禁区：股东过多_66

第四个禁区：小股称霸_66

案例5：峰回路转又逢生_67

3

第三步
控制权的设计

第一节　企业的主要类型

第一种主要类型：公司 _72

第二种主要类型：合伙企业 _75

第二节　常见的八种控制权设计方法

第一种控制权设计方法：投票权委托 _77

第二种控制权设计方法：一致行动人 _79

第三种控制权设计方法：持股平台 _80

第四种控制权设计方法：AB股模式 _80

第五种控制权设计方法：董事会 _81

第六种控制权设计方法：股东会 _85

第七种控制权设计方法：公司章程 _88

第八种控制权设计方法：股东协议 _89

第三节　持股平台

第一种方式：成立有限责任公司作为持股平台 _91

第二种方式：成立有限合伙企业作为持股平台 _92

两种持股平台的差异 _94

案例6：为争夺控制权，联合创始人反目 _98

4

第四步
退出机制的设计

第一节　七种常见的投资退出方式

第一种投资退出方式：IPO退出 _107

第二种投资退出方式：并购退出 _108

第三种投资退出方式：新三板退出 _108

第四种投资退出方式：借壳上市 _109

第五种投资退出方式：股权转让退出 _110

第六种投资退出方式：回购退出 _110

第七种投资退出方式：清算退出 _111

第二节　创业公司的股权退出机制

第一个建议：发限制性股权_113

第二个建议：约定退出时间_114

第三个建议：设置限制条件_114

第四个建议：约定退出情境_114

第五个建议：匹配回购价格_115

第六个建议：设置违约条款_117

第七个建议：做好预期管理_117

案例7：创始人的出局之痛_118

5

第五步
利润分配机制的设计

第一节　企业利润分配的顺序

第一件事：弥补以前年度的亏损_125

第二件事：缴纳所得税_125

第三件事：弥补仍然存在的亏损_126

第四件事：提取法定公积金_126

第五件事：提取任意公积金_127

第六件事：支付股利/分配利润_127

第二节　创业公司利润分配的影响因素

第一个影响因素：法律规定_129

第二个影响因素：企业现金流情况_129

第三个影响因素：企业长远发展考量_130

第三节　利润分配方案的制定要点

第一个要点：利润管理机构_131

第二个要点：方案制定依据_132

第三个要点：分红计算方法_132

案例8：创始人的牢狱之灾_133

第一节　定股权激励对象

第一种股权激励对象：外部核心人才_142

第二种股权激励对象：内部核心员工_142

6

第六步
股权激励计划的设计

第二节　定股权激励模式

第一种股权激励模式：实股_143

第二种股权激励模式：虚拟股权_144

第三种股权激励模式：期权_145

第三节　定持股方式

第一种持股方式：激励对象直接持股_147

第二种持股方式：通过持股平台间接持股_148

第四节　定股权激励数量

第一种股权激励数量：公司股权激励总量_149

第二种股权激励数量：个人股权激励数量_149

第五节　定股权激励价格

第一种定价方式：注册资本金法_151

第二种定价方式：净资产法_151

第三种定价方式：当期估值法_151

第六节　定股权激励时间

第七节　定股权激励来源

第八节　定股权激励条件

第一种股权激励条件：授予条件_156

第二种股权激励条件：行权条件_157

第三种股权激励条件：解锁条件_159

第九节　定股权激励机制

第一项内容：基础解释_161

第二项内容：资格要求_161

第三项内容：激励说明_162

第四项内容：时间规定_163

第五项内容：激励程序_164

第六项内容：变更终止_165

第七项内容：转让回购_166

第八项内容：其他细则_167

案例9：华为的股权激励_168

第一节　签订股东协议

**第七步
股权机制落实**

第二节　设计公司章程

第三节　公司登记注册

案例10：创业公司股权设计实践案例_184

法律依据_191

参考资料_192

致谢_193

第一步
合伙人的选择

非洲有句谚语：若要走得快，就独自前行；若要走得远，就结伴同行。创业过程道阻且长，企业要想快速成长，引入合伙人是非常不错的选择。

徐小平曾经提出：合伙人的重要性超过了商业模式和行业选择，比你是否处于风口上更重要。

对于一位公司创始人来说，能找到一个优秀合伙人的难度堪比找到一个合适的人生伴侣，要有招揽人才并慧眼识珠的真功夫。

第一节 选择合伙人的基本原则

对于合伙人的选择问题，不同的人可能给出不同的答案。

小米科技创始人雷军选择合伙人有两个原则：一要最专业，小米的合伙人都可以独当一面，并给予充分授权，这样能保证整个决策非常快，把业务交给他，要能实打实作出成绩来；二要最合适，主要是指（合伙人）要有创业心态，对所做的事要极度喜欢，有共同的愿景，这样就会有很强的驱动力。

所以在创业初期，雷军在三个月的时间里见了超过100位做硬件的人选，最终找到了周光平博士。

360创始人周鸿祎表示，他会选择具备这四种素质的合伙人：第一，应该有创业精神；第二，要有很强的学习能力；第三，要有很好的开放合作心态；第四，还要能自我激励、自我驱动，同样一件事，用打工的心态做和用创业的心态做，效果完全不一样。

虽然答案因人而异，但是我们仍然可以总结出一些选择合伙人的基本原则，图1-1所示的选择合伙人的五个基本原则可以为创业者选择合伙人提供参考。

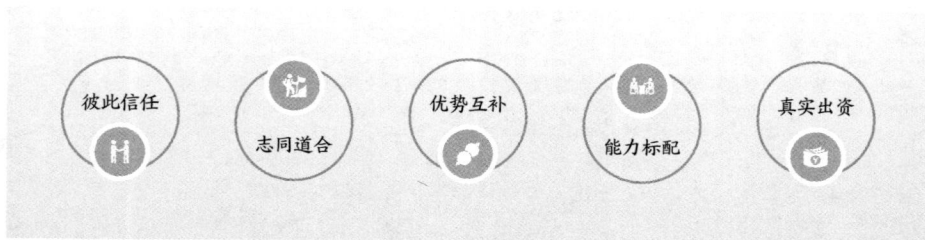

图1-1 选择合伙人的五个基本原则

// 第一个基本原则：彼此信任 //

俗话说"兄弟齐心，其利断金"。对于很多创业团队来说，合伙人之间最初都像是亲密无间的兄弟，然而随着企业的发展，在各种利益及其他因素的驱使下，合伙人却逐渐走向不欢而散。这种"兄弟式合伙，仇人式散伙"现象是初创企业一种比较常见的情况。

所以，创业之初合伙人之间的关系纽带非常重要，不一定需要云天高谊，但必须交洽无嫌、彼此信任，相信并支持对方的决策。合伙人之间缺乏信任可能导致未来利益分配不平等、方向策略有分歧、难统一等问题，给公司发展带来不必要的麻烦。

创业团队的散伙有很大一部分是合伙人间的相互猜疑、不认同而产生严重分歧所导致的。所以，彼此信任是选择合伙人最重要的基本原则之一。

// 第二个基本原则：志同道合 //

"道不同，不相为谋"。合伙人创业，彼此之间最直接的认同就是志同道合，他们最基本的价值观是相近的。所谓"志同"是指创业的目标、动机或者说梦想是一致的，比如都是看好某一赛道，并愿意投身其中；"道合"是指合伙人的管理思路、理念和经营策略是趋同的，并能求同存异。

价值观相近，可以保证团队在重大决策事项上保持一致意见，不会产生根本性的分歧。这些重大决策事项包括企业的战略方向、经营管理策略、做事的基本原则等。

如果价值观差异过大，团队在一些重大决策上就会出现矛盾，通常也很难取得共识。因为价值观是个人在社会实践中逐渐形成的，很难被改变，也就是说"江山易改，本性难移"。在创业的艰难环境下，团队内部如因价值观原因出现分歧，合伙也可能破裂。

// 第三个基本原则：优势互补 //

选择合伙人的第三个基本原则是优势互补。每一个人都有自己的长处，也有自己的不足，正所谓"金无足赤，人无完人"。优势互补可以让团队在具体事务的推进中事半功倍，并建立起彼此在专业领域的依靠和信任。

能力、经验和性格的优势互补或许可以打造一支理想的创业"梦之队"。例如，在能力和经验方面，创始人商业嗅觉敏锐，善于运筹帷幄，技术合伙人能力精湛、善于技术创新及产品研发，营销合伙人市场资源显著，精于客户导向和营销策略；在性格上，创始人属于PDP（Professional Dyna-Metric Programs，行为特质动态衡量系统，PDP根据人的天生特质，将人群分为五种个性特质，并形象化为老虎型、孔雀型、考拉型、猫头鹰型、变色龙型）中的"老虎型"性格，胸怀大志，满怀自信，勇于冒险，看问题能够直指核心，并对目标全力以赴；营销合伙人属于"孔雀型"性格，人际关系能力极强，擅长以口语表达以引起他人共鸣，很会带动气氛和激励他人；技术合伙人属于"考拉型"性格，平易近人、敦厚可靠、冷静自持……无论在公司的长远发展上，还是在公司的内部管理上，这样的团队搭配都有很大的优势。

优势互补的合伙人团队，更可能达成"整体之和大于部分的简单相加"或"1加1要大于2"的效果。比如在中国互联网公司三巨头"BAT"中，百度有"百度七剑客"，阿里有"十八罗汉"，腾讯有"腾讯五虎将"，通过研究这几家公司就会发现，这些合伙人团队在能力象限上都有非常强的互补性。

// 第四个基本原则：能力标配 //

除了需要具有创业初期团队看重的个人独有的能力，合伙人还需要具有两个标配的通用能力，一个是学习能力，一个是沟通能力。

首先是学习能力。创业过程也是一个不断学习的过程，随着公司的发展壮大，合伙人要伴随公司一起成长，他们需要持续地改进和提升管理能力、经营能力、规划能力等，才能避免在公司的发展历程中掉队。

其次是沟通能力。在商业世界里沟通是桥梁，与客户、供应商、合作伙伴、投资人打交道时，较强的沟通能力能够事半功倍。

创业团队寻找的是创业合伙人，是可以决定公司未来走向的高级管理者，而不是员工。所以创业时对于合伙人的要求非常严格，如果合伙人不具备基本的学习能力和沟通能力，那么这个合伙人即使现在看起来能力很突出，日后也会因为各种原因被淘汰。因此，创业团队不如在创业开始的时候就谨慎地筛选合伙人。

// 第五个基本原则：真实出资 //

有一句话说的是：钱在哪儿、心在哪儿、人就在哪儿。合伙人必须是自己出资的，没有出资的合伙人和实际出资的合伙人考虑的问题以及出发点往往是不一样的，对企业的归属感也是不一样的。

创业充满不确定性，风险更加不可预知。创业初期，在没有获得融资之前，或者营业收入不足以支撑公司运营的时候，合伙人需要出资认缴公司的股权，且工资很低甚至可能没有工资，这也就要求合伙人要有一定的经济基础，可以接受创业的风险和不确定性，能够关注长远利益而不会纠结短期收益。

新东方三驾马车

2013年，由演员黄晓明、邓超、佟大为一同主演的电影《中国合伙人》非常火爆，电影讲述的是"土鳖"成东青、"海归"孟晓骏和"愤青"王阳一同创业的故事。而这部电影的角色原型就是被人们称为新东方"三驾马车"的俞敏洪、徐小平和王强。

在现实中，新东方的成功离不开俞敏洪、徐小平和王强的完美配合，离不开三人的彼此信任、志同道合和优势互补，如图1-2所示，这也是他们的合作基础。

图1-2　新东方合伙人的合作基础

一、彼此信任

俞敏洪和徐小平、王强于1983年在北京大学认识，当时徐小平是北大团委的文化部部长，王强是北大艺术团的团长，也是俞敏洪的班长，俞敏洪是北大艺术团的观众，三个人可以说是最好的朋友，这也为后来他们共同发展新东方奠定了信任基础。

毕业后，徐小平和王强都出国了，俞敏洪选择了留校任教。

1993年，俞敏洪从北大辞职两年后，正式创办了新东方。再后来，他放弃了出国留学的想法，转而考虑如何壮大新东方。

二、志同道合

一个人的力量是有限的，于是俞敏洪想到了自己的同学徐小平和王强。身处国外的徐小平和王强的英语水平及他们对西方文化的了解是俞敏洪所看重的，他觉得他们三人可以组成良好的组合。

所以，俞敏洪先去加拿大温哥华找了徐小平，跟他说了自己在国内的情况，满怀激情的徐小平很快就下定决心加入新东方，回国创业。

俞敏洪又去找了王强，深受上海前进学校蔡光天的创业史影响的他，听到俞敏洪正在做的事情，感到新东方不就是"北京的前进学校"吗？最终放弃了北美的舒适工作，加入了新东方。

基于老同学之间的彼此信任以及共同的愿景和梦想，新东方的三驾马车聚集在一起，开始携手共创未来。

三、优势互补

徐小平曾在浙江大学的创业演讲中回忆当年的创业与团队，称他们三个人在发展新东方的过程中业务互补、性格互补，三个人的合作可以说是天衣无缝、完美无缺。

从业务互补来说,当时的王强负责提升学生的基础能力,提高学生的口语和英语基础;俞敏洪主要负责出国留学必备的托福培训及考试,单点突破;徐小平主要负责学生服务,比如留学申请、签证办理、咨询服务等工作。这样三个人就形成了一条完整的业务链条,按俞敏洪的说法就是:"新东方刚开始所谓的合伙,其实就是包产到户,把新东方分成几个板块,比如王强教口语,徐小平做出国咨询,我做考试。"新东方早期的业务链条如图1-3所示。

从性格互补来说,俞敏洪在之前的创业过程中练就了团队领导力,性格中流露出明显的现实主义;带着理想主义色彩的王强是非常坚持原则的;而喜欢研究战略的徐小平则是俞敏洪和王强之间的中和者,用王强的话说就是"小平是新东方的大脑,他是个思想者,老俞是舵手,新东方历次往前发展,小平是第一推动者"。

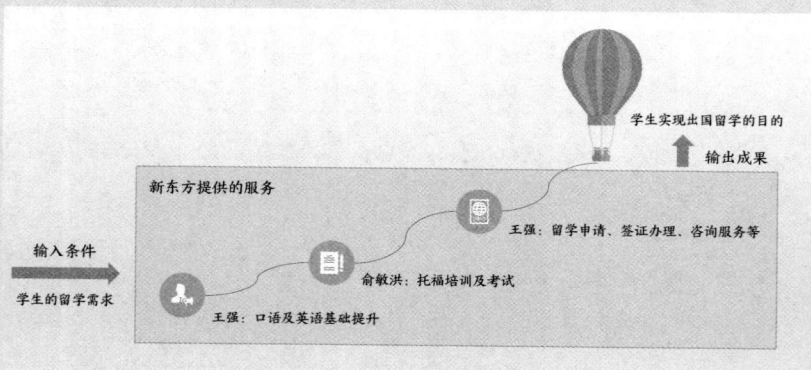

图1-3 新东方早期的业务链条

正是有这样一个彼此信任、志同道合、优势互补的创业团队打基础，2006年9月7日，俞敏洪登上了纽交所的敲钟台，新东方成了在美国上市的第一家中国教育公司。

2020年，俞敏洪带领着新东方来到了新的里程碑，于11月9日赴港二次上市，成为首家回归港股的教育企业。

找人是天底下最难的事情，雷军这样说。雷军决定创建小米科技后，在前半年花了至少80%的时间找人，共找到了七位合伙人，他们平均年龄42岁，经验极其丰富且充满创业热情。

// 第一个途径：三老原则 //

对于创业团队和合伙人的选择，建议从身边的老同学、老同事、老朋友中寻找，即通常所说的"三老原则"，如图1-4所示。

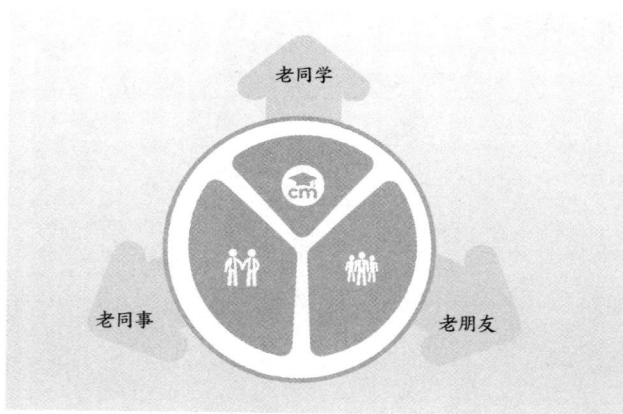

图1-4　寻找合伙人途经之"三老原则"

与熟人合作是大多数创业者的首选，因为熟人之间互相知根知底，沟通成本低，有信任基础，不用担心对方的人品和道德；既然选择共同创业，那么熟人之间对彼此的能力也是认可的。强大的关系纽带暗藏的绝对信任，能帮助合伙人们在创业过程中互相支持，共克难关。

比如前面提到的俞敏洪、王强、徐小平这三位是老同学；"腾讯五虎将"中的马化腾与其中三位是同学，Google中的创始人拉里·佩奇和谢尔盖·布林是斯坦福大学的同学；"百度七剑客"中的李彦宏和徐勇是老朋友，苹果公司的史蒂夫·乔布斯与史蒂芬·沃兹涅克、罗·韦恩是老朋友；小米科技的雷军和黎万强曾经是金山公司的同事，林斌与黄江吉曾经是微软的同事；联想集团创始人柳传志也选择了中科院计算所的10名老同事作为合伙人。

创业者应在"三老原则"下，选择优势互补的合伙人。合伙人在各自擅长的领域发挥强项，以及合伙人彼此信任的纽带关系，会让公司更具有竞争力。

// 第二个途径：熟人推荐 //

熟人推荐多见于技术合伙人及营销合伙人的选择，这两种合伙人是所有合伙人中最难寻找的。

技术合伙人要求技术能力过硬，有拿得出手的、可以形成产品或服务的真本领；市场洞察能力、营销推广能力、资源整合能力则是营销合伙人的必备能力，营销合伙人需要准确识别潜在的客户需求，并将其传达给公司技术人员以开发新产品、新服务来满足客户的需求，为公司创造营收，保障公司的可持续发展。

从经验来看，经熟人推荐的这两类合伙人的质量是最高的。一是因为有熟人作为纽带，间接地建立了信任关系；二是熟人对彼此的需求和能力颇为了解，能够做到较为精准的匹配。

曾李青（现为德迅投资创始人）就是经熟人推荐认识了马化腾，成为马化腾创业团队当中的一员，担任首席运营官，全面负责腾讯集团的业务范围及产品种类，同时管理全国市场推广工作，进而成就了后来的"腾讯五虎将"。

// 第三个途径：渠道招募 //

渠道招募就是通过各种渠道、行业活动等途径寻找潜在合伙人。

一方面，根据自己项目所在的细分行业，从各大知名企业、头部公司寻找对创业有激情、有丰富实战经验的潜在合伙人。在这些企业中担任过团队领导的人，不但具备良好的学术背景、技术背景、团队管理经验，也了解相关的产品趋势及核心技术，而且经过了成熟的管理体系的熏陶，他们可将成功经验带入创业公司，能够避免创业公司成为"炒菜班子"。

另一方面，可以根据自身需求参加高相关度的行业内活动，比如奇绩创坛（原YC中国）的创业营、混沌大学的创新训练营、阿尔法公社定期举办的创始人俱乐部（Alpha Founders Club）等，经常有行业大佬或知名企业及头部公司的高管和合伙人在这些组织中活动。参加这样的活动，一方面可以寻找意向合伙人，另一方面也可以提升公司曝光率，同时拓展一些行业资源。

案例
2

百度七剑客

———

2000年1月3日，百度召开了首次全体员工大会，到场人数七人。房间里的这七人分别是李彦宏、徐勇、刘建国、郭眈、雷鸣、王啸和崔珊珊。他们的另外一个称呼是"百度七剑客"，他们是百度最初的技术团队。

李彦宏是如何找到其他六剑客的呢？

一、徐勇：老朋友成为第一个合伙人

徐勇是李彦宏在北京大学时的校友、学长，大学学习生物专业，但是两人并非在北大认识的，而是通过李彦宏的妻子马东敏结识的，马东敏在美国一家生物公司做销售时认识了同行徐勇。作为金牌销售员，徐勇在硅谷积攒了不少的人脉资源。

1998年，李彦宏约徐勇到家里做客，说他要回国创业，想邀请徐勇加盟。徐勇最终选择和李彦宏合伙创业。

徐勇的人脉资源以及李彦宏的搜索业务能力获得了众多投资者的青睐，其中两家机构决定投资。

投资到位，1999年12月24日，李彦宏和徐勇正式回国创业。

二、刘建国：中文搜索引擎的开拓者、北大的副教授成为百度的第一个员工

加盟百度前，刘建国是北京大学计算机科学技术系的副教授。

刘建国可以说是中文搜索引擎领域全球开拓者之一。李彦宏关注搜索业务，自然知道刘建国。1999年，李彦宏通过电子邮件联系刘建国，邀请他加入团队。正是基于这个机缘，刘建国成了百度的第一个员工。

刘建国自2000年8月被任命为百度技术副总裁后，负责百度的研究开发任务。李彦宏称："刘建国带领的技术团队是中国互联网科技领域最优秀的团队之一，刘建国本人对百度的诞生和发展起到了关键的作用。"

三、雷鸣："搜索引擎天才"同门师弟成为百度的第四个核心人才

雷鸣大二时就参与了国家重点基础研究发展计划（973计划）重点科研项目"天网系统"的建设与维护，并成为核心项目团队成员，在北京大学计算机科学技术系小有名气。懂搜索引擎又是北大同门师弟，雷鸣自然引起了李彦宏的注意。

1999年年底，通过与李彦宏和徐勇的沟通，雷鸣认为中国的搜索引擎大有可为，果断放弃了七个全额奖学金出国的机会，加入百度。在早期，他主要负责搜索引擎的设计和实现工作。

四、郭眈、崔姗姗、王啸：BBS招募而来的三个实习生剑客

李彦宏回国的第二天就在北大和清华的BBS（网络论坛）上发了招聘软件工程师的帖子。帖子吸引了不少在校大学生。李彦宏通过面试，最终留下了郭眈、崔姗姗、王啸三个人，如此一来，百度最初的技术团队就组建完毕了。

五、李彦宏的选人标准

百度七剑客从来源上看有李彦宏的老朋友，有李彦宏的同门师弟，也有业界大师，更有招聘的实习生。七剑客的来源各不相同，但李彦宏的选人标准却很明确：一是彼此熟悉、志趣相投，如徐勇；二是要有突出的个人成就，如刘建国与雷鸣；三是海选面试表现优秀，可以胜任百度的工作，如郭眈、崔姗姗和王啸。

虽然百度七剑客中的六人后来相继离开了百度，但是他们的确为百度的发展作出了不可磨灭的贡献。

因为创业初期彼此缺乏深入了解，没有经过有效的磨合，也未能完全摸排各方的能力，所以"本以为是个王者，结果是个青铜"的桥段在创业公司寻找合伙人的过程中时常发生。那么如何研判潜在合伙人是否合适呢？可以考虑使用图1-5所示的"三全制"。

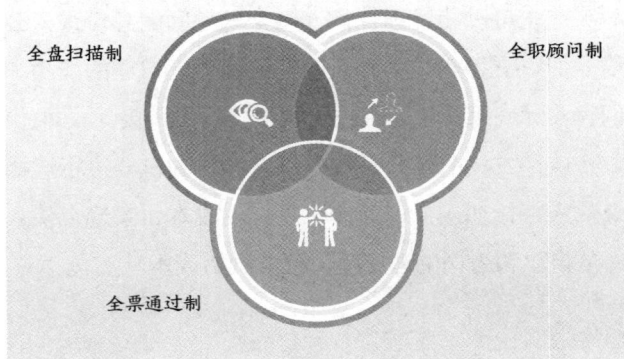

图 1-5 潜在合伙人研判方式——三全制

// 第一种研判方式：全盘扫描制 //

对照理想中的合伙人画像，对候选合伙人进行全盘扫描比对，验证其是否能胜任合伙人的角色。

对于通过他人推荐或者招聘而来的候选合伙人，创始人首先可以从推荐者那里了解候选合伙人的相关信息，推荐者的评价具有一定的参考价值。即使候选合伙人是老同学、老同事、老朋友，也需要对他们的近期状态进行全面了解，包括他们近期的动态、履历、性格特质等。

// 第二种研判方式：全职顾问制 //

全职顾问制可以从保护候选合伙人和团队稳定的双重角度出发来客观考察候选合伙人的能力。

首先可以让候选合伙人以全职顾问的身份进入公司，负责一块独立业务，给他们以支持和帮助，让他们快速体现自己的能力和价值，如果在顾问期内他们有实际成果交付并且被团队内其他人所接受，再让他们正式加入公司。

这种方式的好处是双方都有同样的机会进行选择。公司可以避免因为候选合伙人直接加入公司而产生的忍耐成本，候选合伙人也可以使用更开放的心态评估自己和公司的适应性，降低试错成本。

// 第三种研判方式：全票通过制 //

创业团队不止一个人的时候，每位合伙人都有自己的判断人的方式和方法，原则上要求创业团队全部同意，才可以让候选合伙人加入团队，只要一个人投反对票，候选合伙人就不能加入团队。具体可以根据团队内部的信任基础、能力基础等进行综合考虑。

创业者要善于识才，唯才是举，以上三种研判方式供创始人参考。

另外也可借鉴古人的识人智慧。《资治通鉴·周纪一》中李克答魏文侯有一段话说："居视其所亲，富视其所与，达视其所举，穷视其所不为，贫视其所不取，五者足以定之矣！"大意是：安居时看他亲近什么人，富有时看他给予别人什么，显贵时看他举荐什么人，困厄时看他去干什么，贫寒时看他不取什么东西，根据这五个方面就可以确定人才优劣了。

俗话说"请神容易送神难"。创业团队需要谨慎对待图1-6所示的四类合伙人，谨慎考虑是否要将他们作为公司的合伙人来分配股权。

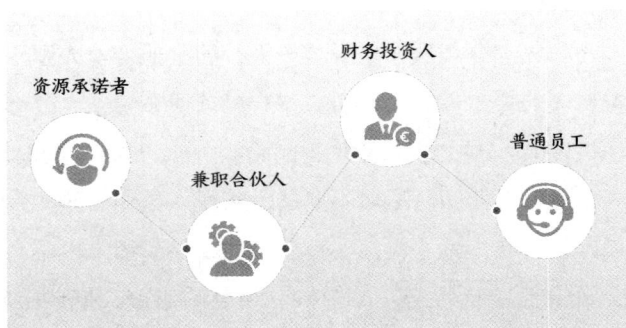

图1-6　四类合伙人须谨慎对待

第四节　四类合伙人须谨慎对待

// 第一类合伙人：资源承诺者 //

在早期，公司的起步发展可能需要借助很多资源，因缺乏资金，创业团队往往想通过股权来换取资源，给资源承诺者分配股权。然而，资源承诺者的资源却不一定能够及时兑现，在后续的公司经营中，因为没有协议约束，想通过合理的方式收回资源承诺者的股权也相当困难。

因此，对于资源承诺者，建议优先考虑与他们展开利益合作，如中介费用、项目提成、市场激励等，而不建议用股权来绑定他们。

如果必须分配股权给资源承诺者，也须签订限制性股权协议，初期给予他们股权分配的资格，待约定资源兑现后，再逐步兑现股权。也就是说，资源承诺对应股权承诺，资源兑现对应股权兑现，这种模式相对来说比较公平合理，各位合伙人也容易接受。

17

// 第二类合伙人：兼职合伙人 //

合伙人精神主要在于风险共担、陪伴与共创，在于创业成功后的利益共享。

如果部分合伙人全身心投入，而其他合伙人则不全职参与公司经营，仍像投资人一样拿着公司股权，享有各项股东权益，分享公司增长的红利，却没有像投资人一样支付获取股权的高额溢价，这样的局面很难长久存续。

建议创业团队尽量不要选择兼职人员作为兼职合伙人并给予他们股权。即使兼职合伙人水平再高、技术再好，他们通常也不会有破釜沉舟的决心，依然会给自己留有后路，比如持有观望的态度，把风险转嫁给创业团队的其他人等。他们最终是否会全职加入创业公司更多地取决于创业公司的发展是否足够好，通常缺少合伙人精神。

但是创业公司对一些兼职人员尤其是技术人员又有需求，那么创业公司该如何处理这个问题呢？

对于兼职的技术专家及其他人员，建议创业公司考虑应用以下几种方式。

- 资金充足，可考虑计提劳务报酬；资金紧张，可考虑工资"欠条"，待公司资金充足、经营稳定时，予以偿还。
- 按照公司外部顾问标准发放少量期权，待其全职参与公司经营后行权。
- 发放限制性股权，约定回购机制。若其无法最终全职参与公司的，可由公司以较低价格回购；且其全职参与公司之前，其股权份额只兑现其应得份额的20%，其余部分由创始人代持，待其全职参与公司后再行兑现。

// 第三类合伙人：财务投资人 //

这里的财务投资人是指天使轮融资之前的种子轮投资人（对于很多小创业公司，如果融资太少，会定义为种子轮）。

在创业早期引入投资人时很容易出现以下状况：创业团队和投资人根据出资比例分配股权，投资人只出钱不出力，却与投钱、投精力、投心血的创业团队享受共同收益。

创业投资的基本逻辑是：投资人投大钱，占小股，创业团队投小钱，占大股。因此，财务投资人不应当按照创业团队标准低价获取股权，他们应该通过溢价（如2倍及以上的价格）获得创业公司的股权。

创业投资的基本逻辑

=

投资人投大钱，占小股，用真金白银买股权

+

创业团队投小钱，占大股，通过长期全职服务公司赚取股权

// 第四类合伙人：普通员工 //

一般而言，不建议向早期的普通员工发放股权，他们的核心诉求不在于股权，关注更多的是既得利益，即工资和奖金。

然而由于创业公司在初创阶段往往不想也付不起市场水平的工资，所以往往倾向于招人的时候许诺分配股权，希望对方降薪加盟。

这样做的结果是，一方面会让公司股权极其分散，形

成很多小股东，最终使得公司股权激励成本变得很高；另一方面，激励效果很有限。在公司初创阶段，为员工发放股权，对员工很可能起不到激励效果，因为他们并没有股权意识，不了解股权的作用。

如果公司在进入快速发展期后（比如B轮融资后）为员工发放股权激励，因公司估值的升高，员工的股权意识也得到培养和强化，此时只需要发放少量的股权，或许就可以解决所有员工的激励问题。

案例 3 股权纠纷，家族企业的成长之痛

曾几何时，餐饮品牌A公司声名鹊起，通过中式快餐标准化引领了当时的饮食潮流。但是平分股权的陈建城和田树平之间展开的控制权之争，却拖累了A公司的发展脚步。图1-7所示为A公司股权纠纷发展线。

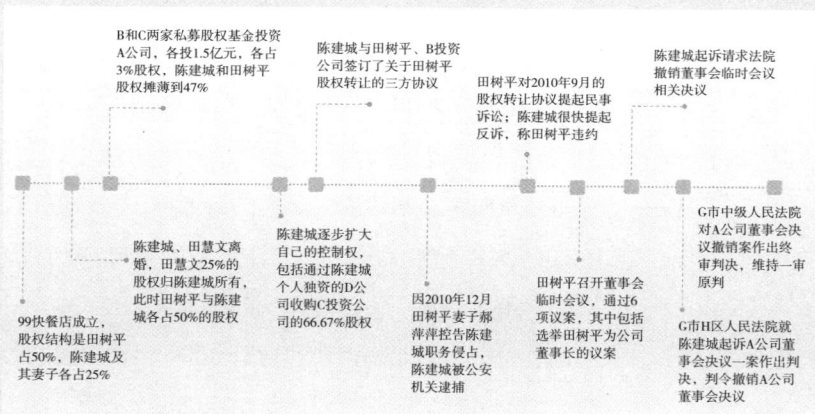

图1-7　A公司股权纠纷发展线

一、携手共进，A公司得以长足发展

A公司的前身是田树平在东莞开的一家99饮品店。

某年，姐姐田慧文和姐夫陈建城加入，投资了40 000元，田树平自己也出资40 000元，把99饮品店改为99快餐店。股权结构是田树平占50%，姐姐和姐夫各占25%，田树平掌握着公司完全的主导权。

十二年后，陈建城、田慧文夫妇离婚，田慧文持有的25%股权归陈建城所有，此时田树平、陈建城股权各占50%。

经过了十几年的长足发展，A公司出色的商业模式和发展业绩以及中式快餐市场的广阔发展前景，吸引了众多股权投资基金的青睐。

次年，B和C两家私募股权投资基金投资A公司，估值高达50亿元，各投1.5亿元，各占3%股权，陈建城和田树平的股权比例都由50%摊薄到47%。图1-8所示为A公司的股权穿透图。

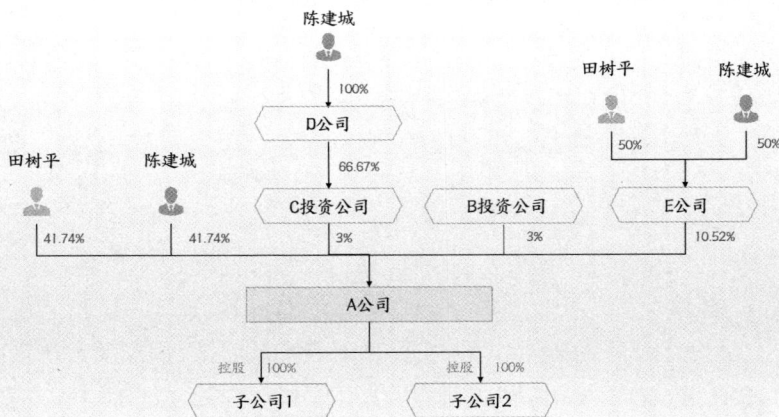

图1-8　A公司的股权穿透图

二、天平失衡，陈建城因此身陷囹圄

又过了一年，由于田树平对角色转变及公司内部的管理状况不满，加之陈建城的"去家族化"系列行动，致使两人的矛盾和争斗公开化，两人为争夺控制权而缠斗多年。

后来，为打破公司僵局，陈建城与田树平、B投资公司签订了《关于A公司股权转让及后续事宜之框架协议》（下称《框架协议》）。根据《框架协议》，陈建城一方将付出7520万元购买田树平持有的F公司35.74%股权（对应A公司3.76%的股权），B投资公司将以4.25亿元购买田树平持有的A公司21.25%股权。

同年，根据前述股权转让协议，陈建城向田树平支付完7520万元的转款；郝萍萍向G市公安局经济犯罪侦查支队报案，称其在履职中发现陈建城等人几年以来侵吞公司钱款的部分犯罪线索。

陈建城等若干A公司高管被公安机关逮捕。根据A公司章程的规定（公司董事长由股东陈建城委派），陈建城委派其妹妹陈岩娜女士担任公司董事、董事长，但陈岩娜并未能真正行使董事长的职责。数年后，G市中级人民法院终审判决，陈建城犯职务侵占罪和挪用资金罪，判处有期徒刑14年，没收个人财产人民币100万元。

三、持续缠斗，董事会被告上法庭

终审判决前两年中，田树平对之前的股权转让协议提起民事诉讼，称陈建城卷入刑事案件，违背协议，造成股权转让未果，要求陈建城予以赔偿7520万元。

陈建城很快提起反诉，称造成股权转让未果的责任不在陈建城一方，而是田树平自身未履行义务并违约。陈建城要求田树平尽快归还7520万元并支付两年内的利息。

之后，田树平在G市H区召开了《××××年度A公司第二次临时董事会会议决议》，通过以下议案：1. 就外方股东名称变更而修订章程相应条款的议案；2. 就章程第4.2条进行修改的议案；3. 就章程第4.6条进行修改的议案；4. 就章程第4.7条进行修改的议案；5. 就章程第4.12条进行修改的议案；6. 选举田树平先生为公司董事长的议案。

再后来，陈建城就《××××年度A公司第二次临时董事会会议决议》，将田树平、田慧文、B投资公司董事万亮及A公司一并告上法庭，请求法院撤销董事会相关决议。

又两年后，G市H区人民法院就陈建城起诉A公司董事会决议一案作出判决，判令撤销A公司董事会于之前作出的《××××年度A公司第二次临时董事会会议决议》。

四、尘埃落定，两败俱伤

最终，G市中级人民法院对A公司董事会决议撤销案作出终审判决：对董事长田树平、A公司等提出的上诉申请均予以驳回，维持一审原判，再次明确撤销《××××年度A公司第二次临时董事会会议决议》，其中包括选举田树平为公司董事长的议案。

本次涉案决议中包括了A公司现任董事长田树平的任命决定，终审结果意味着田树平作为A公司董事长的合法性被否定。且据相关数据显示，陈建城通过C投资公司间接持有A公司2%的股权，也就是说，陈建城直接或间接持有A公司的股权达49%，而田树平持有A公司的股权为47%，比陈建城少了2%的股权。

　　然而因陈建城还未出狱，A公司仍由田树平及其团队负责运营，陈建城委托的"代理董事长"陈岩娜仍无法参与A公司的日常管理。

第二步
股权顶层设计

所谓"不谋万世者，不足谋一时；不谋全局者，不足谋一域"。为了防止合伙人离心导致的股权纠纷，创业团队在创业之初就需要考虑股权顶层设计（后称股权设计）。

股权顶层设计是指从全局的角度，自上而下地对股权涉及的各方面、各层次、各要素进行统筹规划，追根溯源，统揽全局，在最高层次上寻求问题的解决之道。

第一节 股权设计的根基

公司股权是初创企业最具潜力价值的资本，合理的股权设计可以将人力资本、财务资本、市场资源进行高效的融合，为创业之路奠定基石。

合理的股权设计需要了解股权设计的根本目的、基本逻辑和关键人才的核心诉求，也需要了解影响公司控制权的九条生命线，这些因素是公司股权设计的根基，也是创业团队在创业伊始就该了解并掌握的要点内容。

// 第一个根基：股权设计的根本目的 //

股权设计的根本目的在于人力资本、控制权、融资、建章立制四个层面，如图2-1所示。

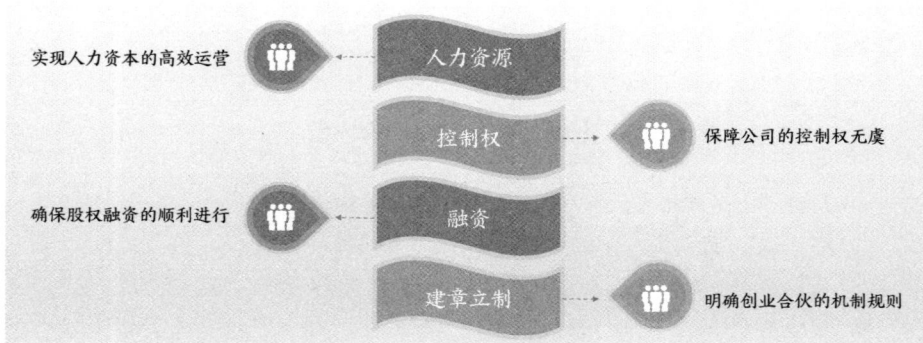

图2-1　股权设计的根本目的

人才是创业公司的生存之本，要通过股权设计与激励计划实现人力资本的高效运营；控制权是指要保障创始团队或创始人的控制权无虞，各种控制权争斗的案例集中发生在创始人与合伙人或野蛮人之间；融资，公司股权可用于融资是众所周知的事情，不过要确保融资的顺利进行就需要在股权设计上下功夫；建章立制，明确创业合伙人之间的合作机制及规则，以和平解决争议和防止股权纠纷发生。

第一个目的
实现人力资本
的高效运营 >>>

治国经邦，人才为急。对于国家如此，对于创业团队来说，更是如此。创业团队缺少招揽人才的资本，解决之道就是利用公司的股权去置换人才。《华为基本法》里有一句话是"人力资本不断增值的目标，优先于财务资本增值的目标"，说明比起财务资本增值，华为更重视人力资本的增值。**而股权可用于吸引人才、激励人才和留住人才，实现人力资本的高效运营是创业公司股权设计的主要目的之一。**

印度作家普列姆·昌德有句名言：**"财富带来痴迷，权力带来疯狂。"**股权是股东基于股东资格而享有的从公司中获得利益并参与公司经营管理的权利，叠加了股东对"财富"和"权利"的双重诉求。而通常情况下创业团队是公司经营管理的核心，是**知识、创意、商业模式**的主要贡献者，其应当掌握公司的控制权，确保公司正确的航向和高效率决策。

《《 **第二个目的**
保障公司的控
制权无虞

第三个目的
确保股权融资
的顺利进行 >>>

一家股权架构存在严重缺陷，控制权没有保障的公司，投资人是不敢投资的。因为这样的创业公司很容易内部瓦解。曾李青就明确表示"不投股权安排不合理的公司"。所以，为了能够获得融资，帮助公司实现长远发展，股权的合理设计势在必行。

《吕氏春秋》有句话说**"欲知平直，则必准绳；欲** <<< **第四个目的**
知方圆，则必规矩"。创业团队各位合伙人之间产生意 明确创业合伙
见分歧在所难免，而完整的股权设计，会从股东会、董 的机制规则
事会及公司章程等多个层面形成一系列的议事规则，能
够确保争议的和平解决。同时，在股东协议中也会约定
股权比例、分红规则、股权转让及调整、股东进入退出
等一系列机制，防止不确定因素引发股权纠纷。

// 第二个根基：股权设计的底层逻辑 //

用最接近商业本质的逻辑去看待商业。对创业公司的股权设计来说，有三
个底层逻辑需要遵循。

第一个逻辑：
权责利逻辑

权责利逻辑是指管理过程中的权利、责任、利益既
结合又统一的管理方式与过程，如图2-2所示。权利、责
任、利益是管理过程中管理者实施管理的"三要素"，缺
一不可。创业团队一起做事情要分得清权利、责任、利益
这三点。讲得通俗一点，就是团队组建之初要明确分工。

因此，创业公司具体的股权设计方法应根据各位合伙人不同的角色分工、贡
献、投入的资金、时间及不同的项目等多维度因素综合考虑而定，但核心的股权设
计方法一定是要最能体现每位合伙人的贡献、最利于公司发展的。

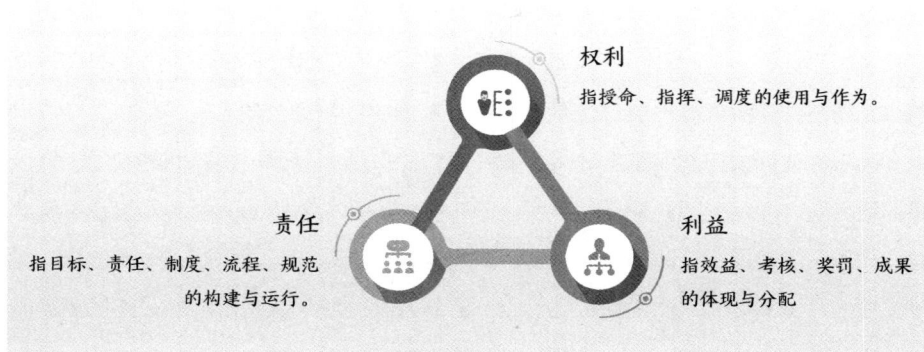

图2-2　权责利管理金三角

第二个逻辑：
激励逻辑

对创业公司来说，存在竞争能力差、业务少、利润低、员工数量少、工作环境艰苦、工作压力大、企业经营不稳定、发展前景渺茫等一系列弱势，拿什么去吸引或者激励合伙人呢？这时候就凸显了股权的激励逻辑。图2-3展示了股权激励逻辑的两大作用。

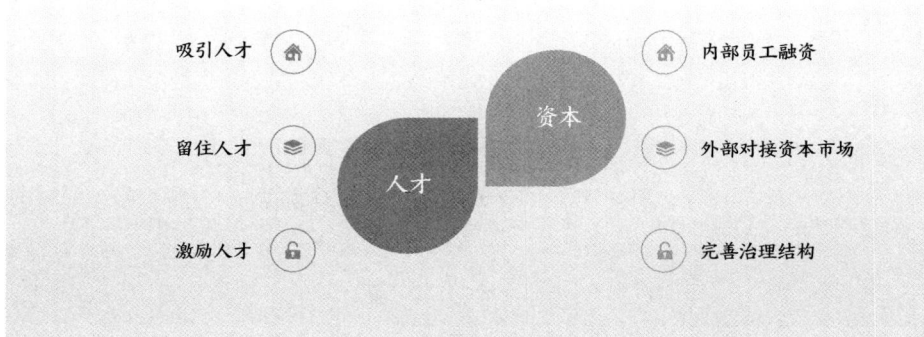

图2-3　股权激励逻辑的两大作用

创业公司早期股权设计最大的作用就是对事业合伙人的激励。创始人需要通过股权去吸引人才，通过股权去"融人"，让合伙人的贡献和股权收益公平对应，让创业公司在动态中健康发展。这是股权设计最原始的激励逻辑。

通常，在公司初创期和上升期，激励逻辑的作用最显著。初创期的公司需要低成本地吸引人才加入团队，能加入团队的人多数是因为创始人的个人因素或者是看好公司未来的发展，这时的股权价值因人而异；成长期的公司想要进一步扩张，需要留住人才，需要调动员工积极性，且这时候公司的股权是有价值的，不论是年度分红还是股权增值空间，对于员工而言都具有相当的诱惑力。

第三个逻辑：融资逻辑

创业投资公司YC创始人、硅谷哲学家保罗·格雷厄姆在《融资生存手册》中说道，创业里最难的是作出大众需要的产品，第二难的是融资，融资是一场恶战。

有句话说的是：初创企业最值钱的资产是公司的股权，而最不值钱的资产也是公司的股权。初期，创业团队可以借助公司股权去吸引优质的资源、优秀的人才、丰厚的资金为其所用，尤其是资金。

公司资金的来源，除了经营收入，还有股东投资和外部融资。

股东投资是企业运营的启动金，必不可少。比如马云和"十八罗汉"创立阿里巴巴时大家凑的50万元，以及1987年任正非先生同几位志同道合的伙伴创立华为时共同出资的2万元。股东投资是大多数创业团队的初始资金来源。

"我觉得企业最初期就是缺钱，缺钱是最大的压力。"

这是SOHO中国的创始人潘石屹创业时的切身感悟。在资本寒冬时期，企业更需要资金来生存下去，当股东投资和经营收入现金流不足以支撑企业的日常运作和未来规划时，创业团队往往会进行外部融资。

由于创业公司的发展存在着财务、市场、营运以及技术等诸多方面的不确定性，股权投资具有很大的风险。投资人之所以愿意投资，是因为这个时期股权投资的利润空间相当广阔，他们看重的是企业的内生性增长所创造的巨大商业价值。

最为经典的案例就是日本软银集团对阿里巴巴的投资。1999年，软银集团创始人孙正义向阿里巴巴投资了2000万美元，2004年，追加投资6000万美元。通过这两次投资，持有阿里巴巴约30%的股份。孙正义一战封神，2014年阿里巴巴在纽交所上市时，孙正义的财富净值涨至166亿美元，跻身日本首富。

时至今日，软银集团依旧持有阿里巴巴26%的股份，是阿里巴巴的第一大股东。

小知识

经常会听到某创业公司获得天使投资、某公司获得C轮融资、某VC机构N亿基金募资到位等消息，那么"天使、VC、PE"与"A轮、B轮、C轮"这些常见的投资术语，它们之间有什么关系和区别呢？这里将对它们进行简单阐述。

融资轮次并没有太严格的定义，具体内容如表2-1所示。

表2-1　融资轮次及投资方

轮　　次	企业发展阶段	投资方
种子轮	仅有一个想法或点子，还没有具体的产品	一般是创业者自己出资，另外也会有一些专注于种子团队的投资人，但是往往投的资不会很多

（续表）

轮　次	企业发展阶段	投资方
天使轮	团队核心成员组建完毕，但尚未完成产品或已经拥有小样（DEMO），模式未被验证	天使投资人、天使投资团队、天使投资基金、孵化器等
A轮	有团队，有以产品和数据支撑的商业模式，业内拥有领先地位	风险投资（VC）机构
B轮	商业模式已经被充分验证，公司业务快速扩张	大多是上一轮的风险投资机构跟投、新的风险投资机构加入、私募股权投资（PE）机构加入
C轮	商业模式成熟、拥有大量用户、在行业内有主导或领导地位，为上市做准备	PE，有些之前的VC也会选择跟投
D轮、E轮、F轮	C轮的升级版，一般在C轮后公司已经具备上市实力了，但也有公司选择继续再进行几轮融资	同上

一、天使投资（Angel Investment，AI）

天使投资是指天使投资人、天使投资团队、天使投资基金及孵化器等自由投资者或者投资机构对具有发展潜力的原创概念项目或初创企业进行早期的直接投资。

天使投资是风险投资的先锋，对于创业还只是停留在设想、概念，并无成熟的产品的创业公司，风险投资机构很难眷顾它们，此时自由投资者或者机构就会插上"天使的翅膀"进行投资，帮助概念项目落地，推进初创企业发展。

二、风险投资（Venture Capital，VC）

风险投资简称风投，指向拥有高新技术与高成长性、具备成熟团队和数据支撑的初创企业提供资金支持，期望获得高收益的投资行为。

之所以叫风险投资，是因为这个阶段的投资有很多的不确定性，如新技术能否转化成实际产品并被市场所接受、创始团队能否携手共创持续发展、公司的经营和管理能否支撑上市套现……各种的不确定性因素导致投资具有较高的风险性。但风险投资运作依然水涨船高，就是因为高风险会带来高回报率。

对于创业公司来说，风险投资可以帮助公司迅速提升估值，获得资本市场的认可，为后续融资奠定基础。

三、私募股权投资（Private Equity，PE）

私募股权投资是指通过私募基金对已经形成一定规模的、产生稳定现金流的、成熟的非上市公司进行投资，推动其发展、上市，最终通过转让股权获利。在交易实施过程中，私募股权投资会附带考虑将来的退出机制，即通过公司首次公开发行股票、兼并与收购、售出或管理层回购等方式退出获利。

私募股权投资进入之后，通常会帮助公司梳理治理结构、营利模式、募集项目，以便使公司能在1～3年内上市。

结合企业发展与成长的动态轨迹，即企业生命周期，聚焦于创业早期，企业在达到盈亏平衡点之前，基本上以天使投资为主。企业成长路径及融资方式如图2-4所示。

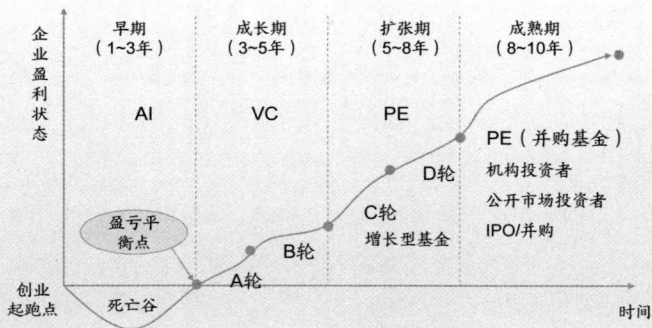

图2-4　企业成长路径及融资方式

　　前言中提道，创业公司融资时，投资人会重点考察创业公司的股权架构是否合理，这是决定投资人是否投资的一个基本前提。对于创业公司来说，资金对于公司的发展与扩张非常重要，所以设计让投资方觉得合理的股权架构是非常有必要的。

// 第三个根基：关键人才的核心诉求 //

　　现阶段的创业是以人力资本为主导的，按财务资本投入来分配股权的思维需要转换为以人力资本驱动的股权设计思维。

　　创始人、合伙人、核心员工和投资人是创业公司早期最为核心的四类人，他们都是公司的奠基者，也是创业风险的承担者和价值贡献者。在现阶段，早期的股权架构设计基本上都是围绕着人力资本价值输出的认可程度展开的。

　　科学的股权架构基本上要满足创业早期四类人的核心诉求，创业早期四类人的核心诉求如图2-5所示。

图2-5 创业早期四类人的核心诉求

首先，从创始人维度来看，其核心诉求是控制权，是掌握公司的发展方向，所以在早期做股权架构设计的时候必须考虑创始人的控制权。京东创始人刘强东在中央电视台《对话》栏目中就说道："如果不能控制这家公司，我宁愿把他卖掉。"如果创始人的股权不能满足其控制公司的需要，比如低于51%，那么创始人就需要设计其他的一些机制来防止控制权旁落。

其次，从合伙人维度来看，合伙人或联合创始人是创始人的追随者，向他们分配股权一定意义上来说是对他们价值、能力、身份的认可，这样合伙人在公司就有一定的参与权和话语权，他们更愿意与公司长期绑定并持续创造价值。所以，早期必须拿出一部分股权来分配给合伙人。

再次，从核心员工维度来看，他们的核心诉求是分红权。核心员工作为企业发展最重要的资源，对于公司的发展有至关重要的作用，在做股权架构设计的时候需要考虑核心员工的股权分配及预留，在公司进入高速发展阶段时，一般会通过员工的股权激励计划来兑现。

最后，从投资人维度来看，投资人的核心诉求是经济回报，即获取高投资回报率。由于投资人最直接地承受风险和分享收益，从这两个角度而言，投资人追求的是优先清算权和优先认购权。

创业团队在早期做股权架构设计的时候需要对这四个维度背后的具体细节进行分析，不仅要合理分配股权比例，更要在保障控制人控制权的前提下围绕各方参与者的诉求做体系化设计。

// 第四个根基：股权九条生命线 //

在股权设计中，经常会有"股权九条生命线"的说法，对于未系统学习《公司法》的创业者们来说，或许并不知道这些生命线是怎样应用于股权设计中的。表2-2说明了股权九条生命线持股比例及释义。

表2-2 股权九条生命线持股比例及释义

股权九条生命线	持股比例	释　义
绝对控制线	67%	一些重大事项，如修改公司章程、增加或减少注册资本，以及公司合并、分立、解散或者变更公司形式，必须经代表2/3以上表决权的股东通过
相对控制线	51%	对于公司一般的经营事务及普通决议，如聘请独立董事，选举董事/董事长、聘请审议机构、聘请会计师事务所、聘请/解聘总经理等，可由公司章程规定，以上事项须过半数表决权通过
安全控制线	34%	也叫股东捣蛋线，股东持股比例在1/3以上，而且没有其他股东的股权比例与他冲突，叫否决性控股，具有一票否决权
上市公司要约收购线	30%	通过证券交易所的证券交易，收购人持有一个上市公司的股份达到该公司已发行股份的30%时，继续增持股份的，应当采取要约方式进行，发出全面要约或者部分要约
外资待遇线	25%	在中外合资经营企业中外国合营者的投资比例一般不低于25%，才可以享受外商投资企业待遇
申请解散线	10%	可提出质询/调查/起诉/清算/解散公司
重大股权变动警示线	5%	《中华人民共和国证券法》规定股权变动达到5%及以上，需披露权益变动书
临时提案线	3%	即单独或者合计持有公司3%以上股权的股东，可以在股东大会召开10日前提出临时提案并书面提交召集人
代位诉讼权	1%	亦称派生诉讼权，可以间接地发起调查和起诉（提起监事会或董事会调查）

一、绝对控制线——**67%**

一些重大事项，如公司的股本变化、关于公司的增加或减少注册资本、修改公司章程以及公司合并、分立、解散或者变更公司形式等重大决策，必须经代表2/3以上表决权的股东通过。

必须经代表 **2/3** 以上表决权的股东通过

（节选自第四十三条）股东会会议作出修改公司章程、增加或者减少注册资本的决议，以及公司合并、分立、解散或者变更公司形式的决议，必须经代表三分之二以上表决权的股东通过。

《中华人民共和国公司法》
第二章 有限责任公司的设立和组织机构

（节选自第一百零三条）但是，股东大会作出修改公司章程、增加或者减少注册资本的决议，以及公司合并、分立、解散或者变更公司形式的决议，必须经出席会议的股东所持表决权的三分之二以上通过。

《中华人民共和国公司法》
第四章 股份有限公司的设立和组织机构

绝对控制线既适用于有限责任公司的股东会，也适用于股份有限公司的股东大会。相比较而言，股东大会要求的是"出席会议的股东所持表决权的三分之二以上通过"，并不要求占股份有限公司的所有股东的2/3以上。

二、相对控制线——**51%**

按照《公司法》的规定，拥有公司50%以上的股权或者表决权的股东，即公司的控股股东。

《中华人民共和国公司法》
第十三章　附则

（节选自第二百一十六条）

（二）控股股东，是指其出资额占有限责任公司资本总额百分之五十以上或者其持有的股份占股份有限公司股本总额百分之五十以上的股东；出资额或者持有股份的比例虽然不足百分之五十，但依其出资额或者持有的股份所享有的表决权已足以对股东会、股东大会的决议产生重大影响的股东。

对于公司一般的经营事务及普通决议，如聘请独立董事，选举董事/董事长、聘请审议机构，聘请会计师事务所，聘请/解聘总经理等，可由公司章程规定，以上事项须过半数表决权通过。

《公司法》明确规定了股份有限公司中的过半数表决条款，对于有限责任公司而言，《公司法》并未明确规定股东会普通决议的程序，而是让股东们自行通过公司章程确定。

《中华人民共和国公司法》
第二章　有限责任公司的
设立和组织机构

（节选自第四十三条）股东会的议事方式和表决程序，除本法有规定的外，由公司章程规定。

《中华人民共和国公司法》
第四章　股份有限公司的
设立和组织机构

（节选自第一百零三条）股东大会作出决议，必须经出席会议的股东所持表决权过半数通过。

有限责任公司在约定公司章程的时候，务必把握好"过半数"与"半数以上"、"百分之五十以上"的区别，过半数不包含50%，而后两者包含50%。

三、安全控制线——**34%**

股东持有股权在1/3以上，而且没有其他股东的股权与他冲突，则该股东为否决性控股，具有一票否决权。

与绝对控制线相对，2/3以上表决权通过关于公司生死存亡的事宜，如修改公司章程、增加注册资本、减少注册资本、公司合并、公司分立、公司结算、变更公司形式等。但是如果其中一个股东持有超过1/3的股权，那么其他方就无法达到2/3以上表决权，如果这个持有1/3以上股权的股东不同意决议，那么那些关于公司生死存亡的事宜就无法通过，这样就控制了企业的生命线，因而表述为安全控制线，也有人称之为"股东捣蛋线"。

但是，所谓的一票否决只是相对于以上提到的事宜，对其他仅需半数以上通过的事宜，持有1/3以上股权的股东无法否决。

四、上市公司要约收购线——**30%**

通过证券交易所的证券交易，收购人持有一个上市公司的股份达到该公司已发行股份的30%时，继续增持股份的，应当采取要约方式进行，发出全面要约或者部分要约。

《中华人民共和国证券法》

第六十五条　通过证券交易所的证券交易，投资者持有或者通过协议、其他安排与他人共同持有一个上市公司已发行的有表决权股份达到百分之三十时，继续进行收购的，应当依法向该上市公司所有股东发出收购上市公司全部或者部分股份的要约。

第四章　上市公司的收购

收购上市公司部分股份的要约应当约定，被收购公司股东承诺出售的股份数额超过预定收购的股份数额的，收购人按比例进行收购。

上市公司要约收购线适用于特定条件下的上市公司股权收购，不适用于有限责任公司和未上市的股份有限公司，创业团队可稍做了解。

五、外资待遇线——**25%**

在中外合资经营企业中外国合营者的投资比例一般不低于25%。外国投资者在并购后所设外商投资企业注册资本金中的出资比例高于25%，该企业才可以享受外商投资企业待遇。

《中华人民共和国中外合资经营企业法》

第四条　合营企业的形式为有限责任公司。

在合营企业的注册资本中，外国合营者的投资比例一般不低于百分之二十五。

合营各方按注册资本比例分享利润和分担风险及亏损。

合营者的注册资本如果转让必须经合营各方同意。

《关于外国投资者并购境内企业的规定》
第二章　基本制度

（节选自第九条）外国投资者在并购后所设外商投资企业注册资本中的出资比例高于25%的，该企业享受外商投资企业待遇。

需要注意的是，外资待遇线仅适用于有限责任公司。外国投资者在并购后所设外商投资企业注册资本中的出资比例低于25%的，除法律和行政法规另行规定外，该企业不享受外商投资企业待遇。

六、申请解散线——10%

持有公司1/10以上股权的股东，可提出以下申请。

质询	调查	起诉	清算	解散公司

《中华人民共和国公司法》

第二章　有限责任公司的设立和组织机构

第三十九条　股东会会议分为定期会议和临时会议。

定期会议应当依照公司章程的规定按时召开。代表十分之一以上表决权的股东，三分之一以上的董事，监事会或者不设监事会的公司的监事提议召开临时会议的，应当召开临时会议。

（节选自第四十条）董事会或者执行董事不能履行或者不履行召集股东会会议职责的，由监事会或者不设监事会的公司的监事召集和主持；监事会或者监事不召集和主持的，代表十分之一以上表决权的股东可以自行召集和主持。

《中华人民共和国公司法》

第四章　股份有限公司的设立和组织机构

第一百条　股东大会应当每年召开一次年会。有下列情形之一的，应当在两个月内召开临时股东大会：

（一）董事人数不足本法规定人数或者公司章程所定人数的三分之二时；

（二）公司未弥补的亏损达实收股本总额三分之一时；

（三）单独或者合计持有公司百分之十以上股份的股东请求时；

（四）董事会认为必要时；

（五）监事会提议召开时；

（六）公司章程规定的其他情形。

第一百一十条　董事会每年度至少召开两次会议，每次会议应当于会议召开十日前通知全体董事和监事。

代表十分之一以上表决权的股东、三分之一以上董事或者监事会，可以提议召开董事会临时会议。董事长应当自接到提议后十日内，召集和主持董事会会议。

董事会召开临时会议，可以另定召集董事会的通知方式和通知时限。

最高人民法院关于适用《中华人民共和国公司法》若干问题的规定（二）

第一条　单独或者合计持有公司全部股东表决权百分之十以上的股东，以下列事由之一提起解散公司诉讼，并符合公司法第一百八十二条规定的，人民法院应予受理：

（一）公司持续两年以上无法召开股东会或者股东大会，公司经营管理发生严重困难的；

（二）股东表决时无法达到法定或者公司章程规定的比例，持续两年以上不能作出有效的股东会或者股东大会决议，公司经营管理发生严重困难的；

（三）公司董事长期冲突，且无法通过股东会或者股东大会解决，公司经营管理发生严重困难的；

（四）经营管理发生其他严重困难，公司继续存续会使股东利益受到重大损失的情形。

股东以知情权、利润分配请求权等权益受到损害，或者公司亏损、财产不足以偿还全部债务，以及公司被吊销企业法人营业执照未进行清算等为由，提起解散公司诉讼的，人民法院不予受理。

《公司法》第三十九条、第四十条适用于有限责任公司，代表1/10表决权以上的股东可以提议召开股东会临时会议，在董事和监事均不履行召集股东会职责之时可以自行召集和主持。

第一百条、第一百一十条适用于股份有限公司，正因为股份有限公司特别的性质，10%的临时会议权限带有强制性。也就是说，持有10%以上股份的股东可以请求召开临时股东大会，提议召开董事会临时会议。

持有**10%**以上股份的股东可以请求召开临时股东大会，提议召开董事会临时会议

最高人民法院关于适用《中华人民共和国公司法》若干问题的规定（二）中的第一条适用于所有类型的公司，即在公司陷入僵局的情况下，持有10%以上表决权的股东有诉讼解散权。

七、重大股权变动警示线——5%

《中华人民共和国证券法》规定股权变动达到5%及以上，须披露权益变动书。重大股权变动警示线仅适用于上市公司。

《中华人民共和国证券法》
第五章　信息披露

（节选自第八十条）发生可能对上市公司、股票在国务院批准的其他全国性证券交易场所交易的公司的股票交易价格产生较大影响的重大事件，投资者尚未得知时，公司应当立即将有关该重大事件的情况向国务院证券监督管理机构和证券交易场所报送临时报告，并予公告，说明事件的起因、目前的状态和可能产生的法律后果。

前款所称重大事件包括：

…………

（八）持有公司百分之五以上股份的股东或者实际控制人持有股份或者控制公司的情况发生较大变化，公司的实际控制人及其控制的其他企业从事与公司

相同或者相似业务的情况发生较大变化;

…………

公司的控股股东或者实际控制人对重大事件的发生、进展产生较大影响的,应当及时将其知悉的有关情况书面告知公司,并配合公司履行信息披露义务。

八、临时提案线——3%

单独或者合计持有公司3%以上股份的股东,可以在股东大会召开10日前提出临时提案并书面提交召集人。

《中华人民共和国公司法》
第四章　股份有限公司的设立和组织机构

(节选自第一百零二条)单独或者合计持有公司百分之三以上股份的股东,可以在股东大会召开十日前提出临时提案并书面提交董事会;董事会应当在收到提案后二日内通知其他股东,并将该临时提案提交股东大会审议。临时提案的内容应当属于股东大会职权范围,并有明确议题和具体决议事项。

临时提案线仅适用于股份有限公司,有限责任公司由于其具备的人合性,没有此类繁杂的程序性规定。

九、代位诉讼权——1%

代位诉讼权亦称派生诉讼权,可以间接地发起调查和起诉(提起监事会或董事会调查)。

《中华人民共和国公司法》
第六章　公司董事、监事、高级管理人员的资格和义务

第一百五十一条　董事、高级管理人员有本法第一百四十九条规定的情形的，有限责任公司的股东、股份有限公司连续一百八十日以上单独或者合计持有公司百分之一以上股份的股东，可以书面请求监事会或者不设监事会的有限责任公司的监事向人民法院提起诉讼；监事有本法第一百四十九条规定的情形的，前述股东可以书面请求董事会或者不设董事会的有限责任公司的执行董事向人民法院提起诉讼。

监事会、不设监事会的有限责任公司的监事，或者董事会、执行董事收到前款规定的股东书面请求后拒绝提起诉讼，或者自收到请求之日起三十日内未提起诉讼，或者情况紧急、不立即提起诉讼将会使公司利益受到难以弥补的损害的，前款规定的股东有权为了公司的利益以自己的名义直接向人民法院提起诉讼。

他人侵犯公司合法权益，给公司造成损失的，本条第一款规定的股东可以依照前两款的规定向人民法院提起诉讼。

代位诉讼权适用于股份有限公司的股东，同时还必须满足持股一百八十日这一条件。有限责任公司没有持股时间和持股比例的限制。

代位诉讼权发生的前提，通俗地讲，要么是董事、高级管理人员违法违章损害公司利益，要么是监事违法违章损害公司利益，如果都有问题，股东则可以直接以自己的名义"代公司的位"直接向法院提起诉讼。

马化腾的股权分配策略

腾讯之所以能够取得今天的巨大成就，除了选择符合行业发展趋势的互联网方向，与腾讯早期的五人核心团队（腾讯五虎将）以及他们之间在合作初期就确定的对等的权责利有很大关系。

马化腾在公司创立之初，就和四位合伙人约定了基本原则：各展所长、各管一摊。马化腾是首席执行官（CEO），张志东是首席技术官（CTO），曾李青是首席运营官（COO），许晨晔是首席信息官（CIO），陈一丹是首席行政官（CAO）。

从腾讯早期的股权构成上来看，五人一共凑了50万元，其中马化腾出了23.75万元，占了47.5%的股份，张志东出了10万元，占20%的股份，曾李青出了6.25万元，占12.5%的股份，其他两人各出5万元，各占10%的股份，如图2-6所示。

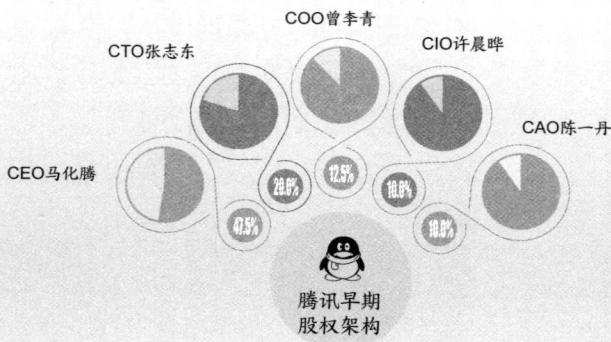

图2-6　腾讯早期股权架构

据媒体报道，马化腾最开始也考虑过和张志东、曾李青三个人均分股权，但最后还是根据分工不同来设计股权结构。即便后来有人想持有更多的股份，马化腾也委婉地拒绝了。在马化腾看来，合伙人的发展潜力应和其持有的股权匹配，否则就会出问题，容易发生矛盾。

在创业早期，能像马化腾一样合理分配股权的创始人，可以说是凤毛麟角。也正是因为马化腾采用了更加合理的股权分配策略，才使得腾讯五虎将合作无间，共创共赢。

第二节 股权设计的要素

被誉为"风投女王"的今日资本总裁徐新曾说过:"创业者最开始要把股权搞清楚,比如3个人一起创业,各占1/3的股权,这个模式95%肯定要失败!"

有一句话形容得很贴切:很多合伙创业团队都逃不过"四同"的结局,第一年同舟共济,第二年同床异梦,第三年同室操戈,第四年同归于尽。虽然语言有些过激,但不妨碍话外之音的表达——直面人性的弱点,尽早规划,避免此类现象发生。

// 第一个要素:商业模式设计 //

寻求好项目或好创意是创业团队的立命之本,然而好项目或好创意的演变与发展一定离不开好的商业模式。

经济学家郎咸平说:

> 商业模式是关系到企业生死存亡,兴衰成败的大事。企业要想获得成功,就必须从制定成功的商业模式开始,成熟的企业是这样,新的企业是这样,发展期的企业更是如此,商业模式是企业竞争制胜的关键,是商业的本质。

一、商业模式的核心逻辑

以《商业模式新生代》的定义为例，商业模式就是描述与规范了一个企业创造价值、传递价值以及获取价值的核心逻辑和运行机制，如图2-7所示。

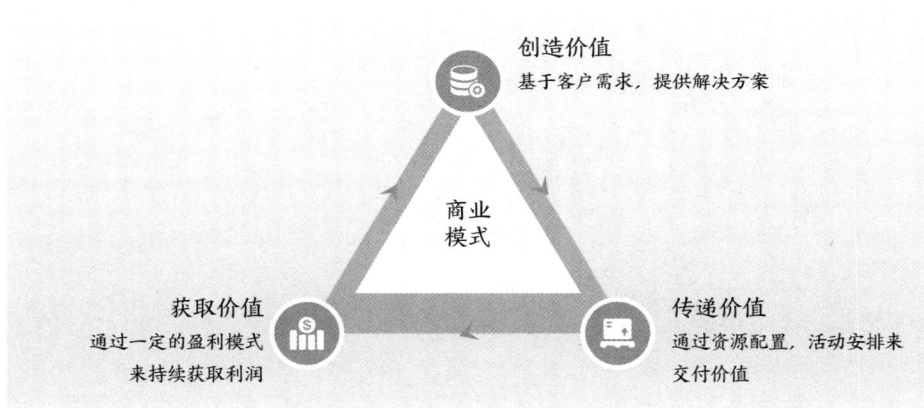

图2-7　商业模式的组成

商业模式最核心的三个组成部分是创造价值、传递价值和获取价值。三个要素环环相扣，缺一不可。

- 创造价值是基于客户需求，提供解决方案。
- 传递价值是通过资源配置，活动安排来交付价值。
- 获取价值是通过一定的盈利模式来持续获取利润。

二、如何探索商业模式

那么应当如何探索商业模式呢？这里推荐一个设计商业模式的思维管理工具——商业模式画布。

49

商业模式画布是通过一套严谨务实的系统化分析流程和工程化设计步骤，来确保最终设计方案的科学性和有效性。商业模式画布可以将商业模式中的元素标准化，并强调元素间的相互作用，它共包含九个模块，如图2-8所示。

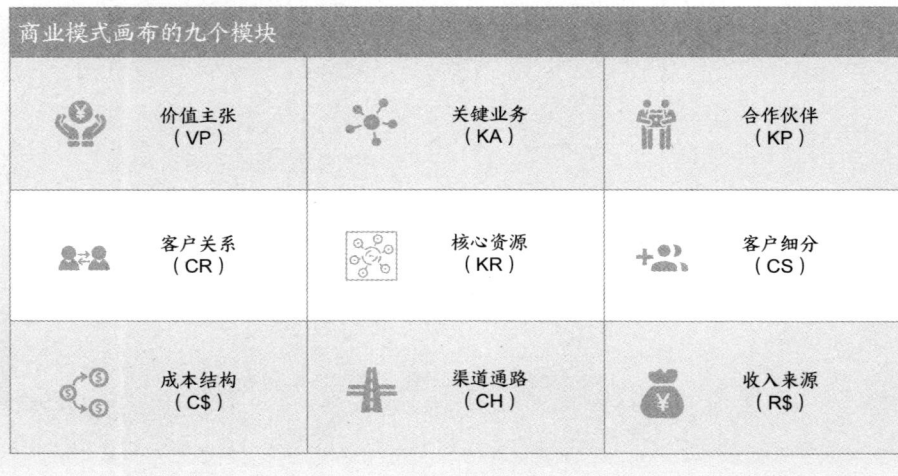

商业模式画布的九个模块		
价值主张（VP）	关键业务（KA）	合作伙伴（KP）
客户关系（CR）	核心资源（KR）	客户细分（CS）
成本结构（C$）	渠道通路（CH）	收入来源（R$）

图2-8 商业模式画布的九个模块

商业模式画布能够帮助创业团队厘清创业思路，降低项目风险，确保企业找到真正的目标用户群体，进而合理地解决问题。

// 第二个要素：合伙人角色定位 //

组建一支精英团队几乎是所有管理者的梦想，但之所以称之为"梦想"，就是因为它不容易实现。创业团队虽然不能保证麾下都是能力出众的精英，但是可以借助工具来达到人尽其用，实现个人价值的最大化。这个工具就是贝尔宾团队角色理论。

贝尔宾团队角色理论由英国剑桥大学雷蒙德·梅雷迪思·贝尔宾博士提出，并首次出现在他的《管理团队：成败启示录》(*Management Teams: Why They Succeed or Fail*，1981)一书中。

贝尔宾团队角色理论的基本思想是：没有完美的个人，只有完美的团队。利用个人的行为优势创造一个和谐的团队，可以极大地提高团队和个人绩效。贝尔宾博士将团队角色定义为：个体在团体内的行为、贡献以及人际互动的倾向性。贝尔宾团队分为九种角色，这九种角色如图2-9所示。贝尔宾团队角色理论应用如表2-3所示。

> 一个团队并不是一堆有职位头衔的人，而是一群有着被他人所理解的团队角色的个人。团队成员寻求特定的角色，且在最接近他们本质的角色中表现得最有效率。
>
> ——雷蒙德·梅雷迪思·贝尔宾博士

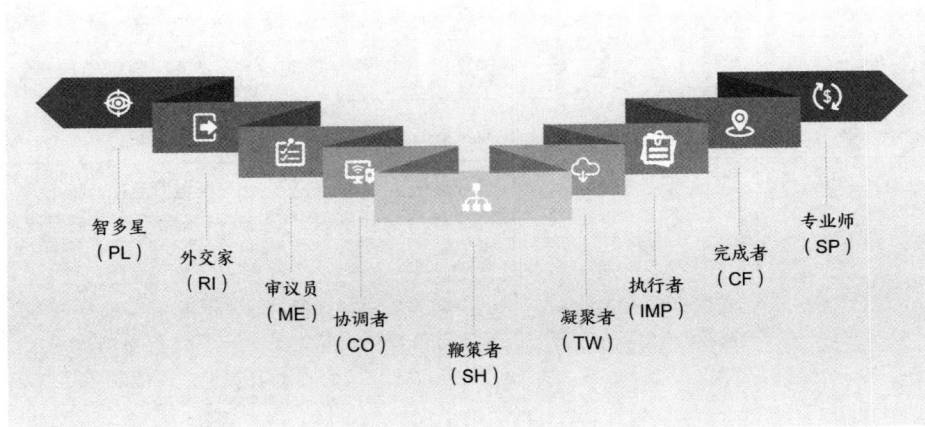

图2-9 贝尔宾团队九种角色

表2-3 贝尔宾团队角色理论应用

团队角色	典型特征	团队贡献	允许的缺点
智多星（PL）	革新、有创造性、独立、不保守，才智过人	提出独创的想法和新颖的方法，避免团队由于缺乏想象力和创造力而失败	被看成"高高在上"，想法可能很激进，可能忽视行动，很容易被冒犯
外交家（RI）	善于社交、谈判、有求知欲	发现可用资源，从他人处获得想法，并引入团队中，有适应能力	在最初的热情过后易于失去兴趣，可能被视为不忠诚
审议员（ME）	谨慎，不感情用事，才智过人	善于搜索和分析数据，评估不同的备选方案，得出深思熟虑的结论	似乎缺乏热情，而且难以在团队中居于高位，可能使进程放缓，缺乏对他人的鼓舞
协调者（CO）	冷静、自信、克制、容忍、热情	让人们专注于目标上而不让人厌烦，鼓励贡献，最大限度发挥人的作用	可能对他人太过大度，对于内容的主要贡献不是十分必要
鞭策者（SH）	充满精神力量、进取心强、好胜、敢作敢为	驱使团队完成任务，让团队专注于行动，避免惰性和自满	可能造成摩擦，激进的方式会让人感到不愉快，可能过分强势
凝聚者（TW）	善于社交、值得信赖、敏感、老练	创造融洽的团队精神，干预冲突，为他人提供情感支持和鼓励	不能够完全专注于任务上，太在意他人感受
执行者（IMP）	尽职尽责，契合实际	遵守体制和流程，擅长处理日常实际问题，通情达理	可能过分自律，缺乏弹性，对新想法不够开放
完成者（CF）	注重细节、踏实肯干、自律、遵循程序	组织零碎的材料，提供后援和实际的支持，关心细节，确保执行	有焦虑和管得过细的倾向，可能觉得很难放手，可能抗拒改变
专业师（SP）	在自己所有的优势领域内提供专家意见和专业知识	提供技术知识和经验，让事情做的专业	可能对他们领域外的东西保持沉默，可能对他们领域内的事情过分主导

这是贝尔宾眼中完美团队的九种角色，要使工作团队发挥最优效果，就需要妥善安排最适当的人员担当相应的职责。

贝尔宾团队角色理论是有专业的测试系统的，根据每个人对测试问题的回答，得到个人在团队角色中由高倾向值到低倾向值的角色排序，有兴趣者可以通过网络了解该测试系统并参与测试。

按照贝尔宾团队角色理论，创业团队需要做的是确保每个团队成员处于一个最有机会发挥其个人优势、最大化个体贡献的岗位上，并根据企业现状和团队目标，定期对成员的团队角色进行评估、盘点，确保团队在任何时期都是健康、均衡、可持续发展的。

// 第三个要素：静态的股权分配方法 //

在商业模式和角色定位明确的前提下，我们需要评估不同角色合伙人对整个创业项目的贡献值，以此来确定股权分配方法。

在创业初期，通常只需要考虑创业团队之间的股权分配问题。较为常见的做法是将资金股和人力股分别计算，如图2-10所示，根据不同的维度还可以继续拆分为身份股、贡献股、预留股等。

资金股
现金出资、出多少钱占多少股

人力股
合伙人投入公司业务的时间、想法、资源，承担角色的贡献等

图2-10 常用的两个维度的股权分配标准

在具体分配股权的时候，我们还需要区分创业项目是属于人力资本驱动的互联网、轻资产行业，还是属于财务资本驱动的重资产行业。如果属于人力资本驱动的互联网、轻资产行业，那么人力股的比重偏高；如果属于财务资本驱动的重资产行业，那么资金股的比重较大。

下面以人力资本驱动的互联网、轻资产行业为例，解析股权分配的方法。

假设一家初创的互联网公司有三位创始人/合伙人：A、B、C，三人经过多次协商最终达成共识，根据行业特点，侧重于人才价值的输出，赋予人力股和资金股不同的权重，即人力股占60%的权重，资金股占40%的权重。

其中人力股包括团队建设、产品研发、市场开拓、融资能力和战略资源，具体权重如表2-4所示。

表2-4　人力股各项因素权重占比

	团队建设	产品研发	市场开拓	融资能力	战略资源
权重	3	2	2	1	2

三位创始人/合伙人在认同该权重表后，依据每个人不同的条件，作出1到10的不同评分。如团队建设，创始人A得分为5，合伙人B得分为2，合伙人C得分为3，其他因素以此类推。按照人力股计算表计算，创始人A应占股49%，合伙人B应占股26%，合伙人C应占股25%，如表2-5所示。

表2-5　人力股计算表

	承担角色	产品研发	市场开拓	融资能力	战略资源	合计占比
权重	3	2	2	1	2	—
创始人A	5	2	5	4	8	49%
合伙人B	2	6	2	2	1	26%
合伙人C	3	2	3	4	1	25%

启动该项目的资金预计需要100万元，假设创始人A出资60万元，合伙人B出资30万元，合伙人C出资10万元，则依据资金股计算可得创始人A应占股60%，合伙人B应占股30%，合伙人C应占股10%。然后，我们通过人力股和

资金股6：4的权重计算，创始人A的合计占比为53.4%，合伙人B的合计占比为27.6%，合伙人C的合计占比为19%；考虑到未来的股东激励和员工激励的需求，需要预留30%的股权，预留股权由创始人A代持，那么，最终股权量化分配结果如表2-6所示。

表 2-6　最终股权量化分配结果

	资金股	人力股	合计占比	预留股	最终股权比例
权重	4	6	—	30%	预留股权由创始人A代持
创始人A	60%	49%	53.4%	16.02%	67.38%
合伙人B	30%	26%	27.6%	8.28%	19.32%
合伙人C	10%	25%	19%	5.7%	13.3%

创始人A最终持有的股权为67.38%，其中30%为代持，实际拥有股权为37.38%。

以上案例只是为了介绍静态的股权分配方法，实际情况可能因商业模式、角色定位的不同而不同，该案例仅供参考。比如有些创业团队会将投入时间、项目提议等作为人力股中的关键要素；又如重资产企业更看重资金投入，它们的资金股占比就会高于人力股占比。

所以，创业团队需要根据公司的商业模式、角色定位及各位合伙人的诉求来确定影响因素及各因素所占的权重，并合理分配股权。

需要说明的是，静态的股权分配方法仅适用于最初的股权分配，并非一成不变，当企业的商业模式和合伙人角色及贡献发生变化时，应该同步调整股权架构，为避免引起纠纷，这一条需要预埋在合伙人所签订的股东协议中。

// 第四个要素：动态股权分割模型 //

静态的股权分配方法是国内众多企业所采用的分配方法，除此之外，麦克·莫耶在《切蛋糕：创业公司如何确立动态股权分配机制》中，提出了一种基于创业公司的动态股权分割模型。

《切蛋糕：创业公司如何确立动态股权分配机制》旨在告诉创业团队如何精确计算每位合伙人应获得的股权或者公司早期员工应当享有的权益。这本书可以解决以下问题：如何评价一个员工为公司付出的时间和带来的资源价值？如果有联合创始人或合伙人离开公司，会带来什么样的损失？当团队不得不辞退某人时，该如何处理他的股权？

> **研究表明** 动态股权分割模型是成长中的公司避免冲突的最好办法。

动态股权分割模型的核心思想是：创立一个合伙人基金，时刻地、动态地评估每个人的贡献和价值的相对占比，动态地计算每个人的股权比例。

也就是说，合伙人可以在一定期限内赚取"蛋糕"，份额依据其贡献的生产要素的理论价值而定。所以在任一给定的时间点，合伙人之间的"蛋糕"分配是有变化的。这种不确定性和易变性也反映了成长中的公司不断变化的需求。

一、价值评估标准及要素

动态分割股权的前提就是要有一套价值评估标准。创业团队在成立之初就应协商好如何评估合伙人的价值。合伙人贡献的生产要素有不同的价值。有一套价值评估标准并始终如一地践行是至关重要的。为了公平，坚决杜绝任何一位合伙人受到特殊照顾。

在评估合伙人的价值时需要把以图 2-11 所示的七个要素纳入其中，这七个要素即动态分割股权评估要素。

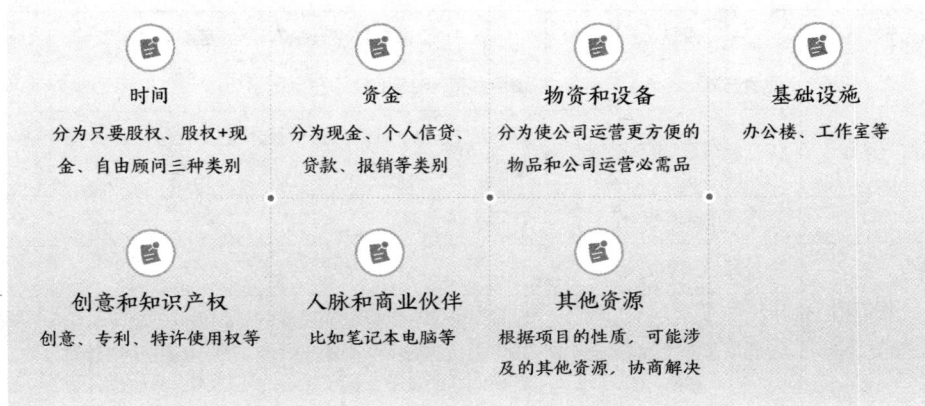

图 2-11 动态分割股权评估要素

二、动态股权计算方法

结合国内创业公司的情况，本书对麦克·莫耶提出的不同评估要素的理论价值的计算方式进行了适应性的微调，按照通俗一些的说法，将理论价值称为贡献值，具体计算方法如表2-7所示。

表 2-7 不同评估要素贡献值的计算

评估要素	细分	计算方式（其中 N 为商定的倍数）
时间	只要股权的合伙人	商定的月薪 ×12×N
	要股权和工资的合伙人	（商定的月薪−月度工资补偿）×12×N，其中月度工资补偿＜商定的月薪
	自由顾问	商定的日工资 × 工作天数 ×N（保留股权回购的权利）
创意和知识产权	—	创意和知识产权的开发时间 × 月工资 ×N

（续表）

评估要素	细分	计算方式（其中 *N* 为商定的倍数）
资金	现金方式	资金数额 × 2*N*（众筹资金则 × 2）
	借贷给公司的资金	没有股权，公司只需要偿还本金及利息，若公司未能偿还，则视作现金投资
	不报销的费用支出	费用金额 × 2*N*
物资和设备	使公司运营更方便	无
	公司运营必需品	如果是为了公司运营而购买的，则视同现金等价物；如果物资的购买年限小于一年，则用购买价格计算；如果物资的购买年限大于一年，则用转售价格计算
基础设施	—	如果对公司刚好合用，则等同于租借费用；大于公司所需则按公司实际使用支付费用
人脉和商业伙伴	—	未支付的提成金额 × *N*；或谈成一笔投资直接支付中间人提成
其他资源	—	协商解决

以上的动态股权计算方法仅为参考示例，创业者应根据实际情况与团队协商一致通过具体的动态股权分配机制，所有人使用同一计算方法及评估标准，以保证公平。

在创业团队已经规定好各要素在股权划分中所占价值的情况下，也就有了简便易行的方法来计算每个合伙人的股权。将某个合伙人的所有贡献值相加，再除以团队整体的贡献值，由此可求出单一合伙人所作贡献的百分比。这个百分比，创业团队可以在任何需要的时候将之转化为股权，计算公式如下。

$$\boxed{\text{单一合伙人所占股权的百分比}} = \boxed{\frac{\text{单一合伙人所作贡献}}{\text{全体合伙人所作贡献总和}}} \times 100\%$$

全体合伙人所作贡献总和，称为理论基础值（TBV）。为了计算单一合伙人所占股权的百分比，需要用单一合伙人所作贡献除以理论基础值。

三、计算股权的时机

创业团队需要定时地对股权进行计算，比如每季度计算一次，以便了解每个合伙人的股权所有情况。当然，如果没到定时计算节点，但是考虑到引入投资或合伙人的变化等情况，创业团队也需要对股权进行适时计算。

// 第五个要素：持股模式设计 //

分配好合伙人股权比例之后，需要根据情况考虑合伙人的持股模式问题。持股模式有直接持有、大股东代持、持股平台三种，如图2-12所示。

直接持有　　　　　　　大股东代持　　　　　　　持股平台

图2-12　三种持股模式

一、直接持有

直接持有是指公司在进行工商登记时，将所有合伙人持有的全部股权进行直接登记，这样合伙人就是《公司法》意义上的公司股东，依法享有公司的资产收益、参与重大决策和选择管理者的权利。

《中华人民共和国公司法》

第四条　公司股东依法享有资产收益、参与　**第一章　总则**
重大决策和选择管理者等权利。

　　这种持股方式因实名登记，享有股东权利，对合伙人的激励作用最好。但是直接持股一方面会造成公司控制权的分散，尤其是小股东人数太多时，还会给公司召开股东会议带来不便；另一方面，如果合伙人异动或股权比例调整，都需要进行工商变更，较为烦琐。

二、大股东代持

　　大股东代持属于自然人"代位持股"，即实名股东与隐名股东（实际出资人）签订委托投资协议，代表隐名股东持有公司股权。在这种模式下，隐名股东并不亲自持有股权，而是由某个实名股东代持，并且在工商登记里只体现该实名股东的身份。国内法律已经认可并保护真实股东的合法利益，也就是说即使股东名册里面没有出现隐名股东的名字，只要有协议证明隐名股东是实际出资人，其权益也受到法律保障。

《中华人民共和国公司法》
第十三章　附则

（节选自第二百一十六条）
　　（三）实际控制人，是指虽不是公司的股东，但通过投资关系、协议或者其他安排，能够实际支配公司行为的人。

最高人民法院关于适用
《中华人民共和国公司法》
若干问题的规定（三）

第二十四条　有限责任公司的实际出资人与名义出资人订立合同，约定由实际出资人出资并享有投资权益，以名义出资人为名义股东，实际出资人与名义股东对该合同效力发生争议的，如无合同法[①]第五十二条规定的情形，人民法院应当认定该合同有效。

前款规定的实际出资人与名义股东因投资权益的归属发生争议，实际出资人以其实际履行了出资义务为由向名义股东主张权利的，人民法院应予支持。名义股东以公司股东名册记载、公司登记机关登记为由否认实际出资人权利的，人民法院不予支持。

实际出资人未经公司其他股东半数以上同意，请求公司变更股东、签发出资证明书、记载于股东名册、记载于公司章程并办理公司登记机关登记的，人民法院不予支持。

第二十五条　名义股东将登记于其名下的股权转让、质押或者以其他方式处分，实际出资人以其对于股权享有实际权利为由，请求认定处分股权行为无效的，人民法院可以参照物权法[②]第一百零六条的规定处理。

名义股东处分股权造成实际出资人损失，实际出资人请求名义股东承担赔偿责任的，人民法院应予支持。

虽然有法律法规的保障，但是在实际操作中，因为股权代持方案的合法性、有效性、出资资金及收益管理风险以及其他第三方（债权人、名义股东离婚等）的风险因素，导致股权纠纷的事件依然频发。

---

① 注：2020年5月28日，十三届全国人大三次会议表决通过了《中华人民共和国民法典》，自2021年1月1日起施行。《中华人民共和国合同法》同时废止。

② 注：2020年5月28日，十三届全国人大三次会议表决通过了《中华人民共和国民法典》，自2021年1月1日起施行。《中华人民共和国物权法》同时废止。

三、持股平台

一些知名企业会采用有限合伙企业或有限责任公司作为持股平台，持股平台是目前最为常见的持股方式。

有限合伙企业与有限责任公司的特点简单来说就是：如采用有限合伙企业的形式，创始人可通过普通合伙人身份和合伙协议的约定，用很少的出资掌握企业的控制权，实现创始人对持股平台的控制；如采用有限责任公司的形式，各股东地位是平等的，创始人需要较多的股权或更复杂的设计才能实现对持股平台公司的控制。

本书"第三步　控制权的设计"将深度阐述和讲解这一部分的内容。

// 第六个要素：股权分期成熟机制 //

对于合伙创业来说，团队的稳定性是企业成功的基石。无论是新东方的三驾马车、百度七剑客，还是腾讯五虎将、携程四君子，从开始创业至公司上市，团队的核心成员变动极小，并最终实现了共创共赢的美好局面。

但是由于创业的不确定性因素过多，合伙人之间能否一直坚定不移地走下去是个未知数。如果在创业过程中，关键的合伙人退出，很可能给公司的发展带来毁灭性的打击，甚至引发股权纠纷。为了尽可能地减少这种现象的发生，可在股权设计的时候考虑分期成熟机制，即授予限制性股权。

根据企业商业模式的不同，一般有以下三种股权分期成熟机制：时间线、项目里程碑节点、时间线与里程碑节点结合，以下重点讲解时间线，其他方式类同。

以4年时间为例，采用时间线约定股权的分期成熟机制，可有以下几种选择：

- 第一种是约定成熟期4年，每年兑现25%；
- 第二种是工作满2年兑现50%、满3年兑现75%、满4年兑现100%。这是为了预防短期投机行为；
- 第三种是逐年增加，第1年兑现10%、第2年兑现20%、第3年兑现30%、第4年兑现40%，也就是工作时间越长，兑现的越多；
- 第四种是工作满1年兑现25%，剩下的在3年之内每个月兑现1/48，这种方式以工作满1年为兑现前提，之后每过1个月兑现一定比例，计算的比较清晰。

这几种股权分期成熟机制对团队而言是不同的导向，团队可以根据实际情况进行选择。除此之外，类似于时间线或项目里程碑节点，也有企业将业绩的达成作为股权成熟的一个限制条件。

创业团队在合作初期需要达成共识，约定授予所有合伙人的股权均为限制性股权，需要分期成熟或兑现，同时可选择附加一些兑现条款。如果发生合伙人退出的情形，公司或者其他合伙人可以按照一个事先约定的价格回购退出合伙人的股权。

股权分期成熟的意义在于，一方面对合伙人的退出做了一些约定，防止合伙人轻易退出给公司带来经营和发展风险；另一方面也是为了防止合伙人离职后却依旧享有公司股权并坐享其成的不公平情况出现。

| 第三节 |

股权分配的禁区

在进行股权分配时，需要根据股权设计的内容进行深度设计，并防止进入如图2-13所示的股权分配的四个禁区。

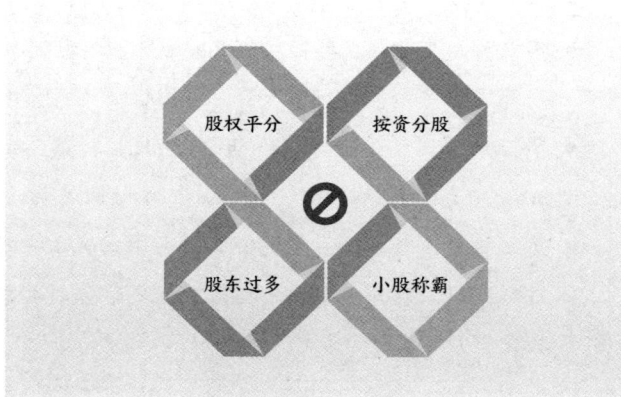

图2-13　股权分配的四个禁区

// 第一个禁区：股权平分 //

在我国，几个合伙人平分股权的情况在创业公司中比较常见。例如，两个股东，各占50%的股权；三个股东，理论上要各占33.3%的股权，实际上其中两个股东各占33%的股权，另一个合伙人勉为其难地占34%的股权；四个股东，各占25%的股权。类似这样的按人头平均分配的股权架构，都叫作"股权平分"。

股权平分听起来公平合理，但是往往理想很丰满，现实很骨感。

第一， 当几个合伙人度过了创业初期的"蜜月期"后，就会发现每一个人对公司的贡献并不是相同的，有人贡献大有人贡献小，但是大家的股权却一样多，得到的利益一样多，这势必导致贡献大的人心理不平衡，引发股东之间的矛盾。

第二， 由于股权份额相同，公司没有显性的控制人，每个合伙人都认为自己是老板，都可以做决策，但其实谁说了也不算，极大地增加了公司的决策成本，也容易导致管理混乱。在公司生死存亡的关键事项上，如达不成一致意见，公司最终只会走向失败。

第三， 股权平分的公司融资会比较难，因为很多投资人明确表示"不投股权平分的公司"。

∥ 第二个禁区：按资分股 ∥

按资分股就是按照出资额来分配股权，这种方式最符合我国《公司法》的规定，也最符合公司章程上的标准条款。但是它依然存在困局，按资分股最大的问题在于没有考虑到公司经营中每个人的能力贡献值和未来的增量价值。

在创业早期，资金是必不可少的，待公司进入正轨稳定发展后，管理者人力的价值贡献将更加突显。

无论是在静态的股权分配方法中，还是在动态股权分割模型中，都提到不能只考虑资金情况而忽略个人的贡献值，个人的贡献值甚至是决定股权分配的决定性因素之一。

// 第三个禁区：股东过多 //

股东过多的死结是"人人都有份，人人都不管"。这种情况常见于众筹事业，比如之前风靡一时的"众筹咖啡馆"。

虎嗅网有一篇文章《众筹咖啡馆项目不是众人拾柴，是引火烧身》，文中"魅咖"众筹咖啡馆的发起人邱志达曾坦言，在咖啡厅的运营管理上，股东之间的分歧一直存在。前期为了募集大量资金用于开店装修，项目整体的股权拆分过细且过于分散，因此导致了许多小股东"抱团"介入咖啡馆的日常管理和决策，甚至仗着股权"欺负"发起团队和运营团队，最终导致许多业务无法正常拓展。

"每位股东的股权都一样，但加起来却超过了发起人。"他表示，股东动不动就以退股相要挟，加上几位发起人没办法返还其资金，因此，迫于压力，发起人在许多决策上不得不向他们妥协，也不得不向许多不合理的要求让步。

这就是股东过多的企业常见的困局，这样的情况也经常发生在创业公司。

// 第四个禁区：小股称霸 //

有一种情况叫"小股东绑架大股东"，上述的众筹咖啡馆也存在这样的问题。

例如，一个公司由甲乙两个合伙人携手共创，甲乙分别持股51%和49%，甲相对控股。公司在发展过程中遇到了一个合适的技术人才，两个合伙人决定各自出让2%的股权给技术人才，这样，甲持股49%，乙持股47%，技术人才持股4%。当甲和乙发生分歧时，最终的决定权落在了仅有4%股权的技术人才身上，他成了决策的关键因素，也就是他说了才算。

前文已经提道，聘请独立董事、选举董事/董事长、聘请审议机构、聘请会计师事务所、聘请/解聘总经理等，可由公司章程规定，以上事项须过半数表决权通过。乙和技术人才的股权加起来是51%，达到了过半数的条件，也就是说如果乙和技术人才抱团，他们可以解聘总经理、选举董事长，这对公司的危害也是相当严重的。

峰回路转又逢生

案例 5

某年，某交所披露，Ｆ公司正式递交招股说明书，拟在创业板挂牌上市，其主要产品是"FF"节目和分享类App"DD"。

从股权架构上来说，Ｆ公司提供了一反一正两个素材：创业初期因为股权架构不合理，导致了创始人之间的决裂；单飞之后，创始人调整了股权架构，不仅顺利地进行了多次融资，而且已经做好上市的准备。

一、君子之交不出恶声

回到六年前，一直被看好的Ｆ公司创始人王耀辉和Ｇ公司创始人刘波已确认彻底分家；王耀辉未来将独立运营"FF"节目。

王耀辉和刘波同是 G 公司创始人，从工商登记资料来看，刘波占股 82.35%、王耀辉占股 17.65%。在合作初期，大家还是认可股权架构的。

G 公司是一家新媒体运营公司，包括了"DD"内容的策划和制作，刘波是集全公司之力来支持和推动王耀辉的。

当时有人认为，这个团队如果能够成长为超级社群，以 C2B 方式运营，未来不可限量。

但是两个创始人各有想法，一方想做平台，但另一方的理解是，他们的合作是经纪模式。

彼时，王耀辉只有 17.65% 的股权，即使作为 F 公司的核心人物，因为缺乏股权动态调整机制，他在公司的战略发展上也几乎没有话语权，公司完全是由占股 82.35% 的大股东刘波来决策的。所以两个创始人在战略方向上有了分歧，各执己见，谈不拢，散伙就成了必然。

究其根源，F 公司在创业初期采取了静态的股权分配模式，缺乏动态调整机制，随着企业的发展，商业模式不断调整，价值贡献发生了转移，但难以摆脱固化股权的桎梏，裂痕逐渐产生，最终走向散伙。

二、前车之鉴，后事之师

由于此前的经验，王耀辉于分家初期注册了 F 公司，王耀辉、李洋和张欣怡三人为联合创始人，由张欣怡担任新公司的 CEO。

根据 F 公司《××××年度报告》显示，王耀辉股权占比 63.75%，张欣怡股权占比 36.25%，如图 2-14 所示。

图2-14　F公司××××年股权比例

　　F公司的高速成长离不开王耀辉和张欣怡珠联璧合的配合。从F公司的股权设计来看，张欣怡以自然人身份一直持股F公司，在公司的融资过程中，其股权虽然被稀释，但是直到五年后，张欣怡仍然位列第二大自然人股东。

　　F公司经过几轮融资后，王耀辉还拥有41.66%的股权，可以说其核心股东的身份和地位坚不可摧。

　　我们可以看到，王耀辉和张欣怡作为自然人直接持有公司的股权，投资机构、投资人及核心人才主要以有限合伙持股平台的形式入股F公司。

　　通过有限合伙企业的方式作为核心人才的持股平台，王耀辉作为普通合伙人（GP），执行合伙事务，拥有对合伙平台的决策权，通过股权的形式进一步绑定明星栏目主导者张海、薄春腾、付雄伟等明星讲师及核心人才作为持股平台的有限合伙人（LP），激励效果显著，还不会影响F公司的战略决策。

　　通过有限合伙企业的方式作为投资人的持股平台，赵山（出资0.1万元，在F公司没有直接持有股权）作为合伙企业的GP，执行合伙事务，投资人同样以持股平台的形式入股，亦不用过多担心投资人干预公司的战略决策和经营管理。

三、塞翁失马，焉知非福

王耀辉在F公司后来的股权设计中慎之又慎，股权架构设计得较为合理，规避了各种风险，也经过了几轮投资人的考验，正如"塞翁失马，焉知非福"。

因此，我们在进行股权设计的时候，要科学评估合伙人在企业中的作用，保证合伙人的股东地位和持股比例，设计好进入、调整、退出、回购等机制，为未来合伙人并肩作战、共同进退打好基础。

第三步
控制权的设计

周鸿祎曾说：我在雅虎的收获就是领悟到了对于公司控制权的把握，尤其在互联网领域里，大家都是围剿式发展，因此绝对的话语权至关重要……

本章，我们将围绕控制权的设计，以企业的主要类型为基础，以八种常见的控制方法为核心，重点介绍目前广泛使用的、适用于创业公司的控制权设计方法——持股平台。

| 第一节 |
企业的主要类型

要掌握控制权的设计，需要先了解企业的主要类型，常见的经营主体主要有公司和合伙企业两大类，如图3-1所示。

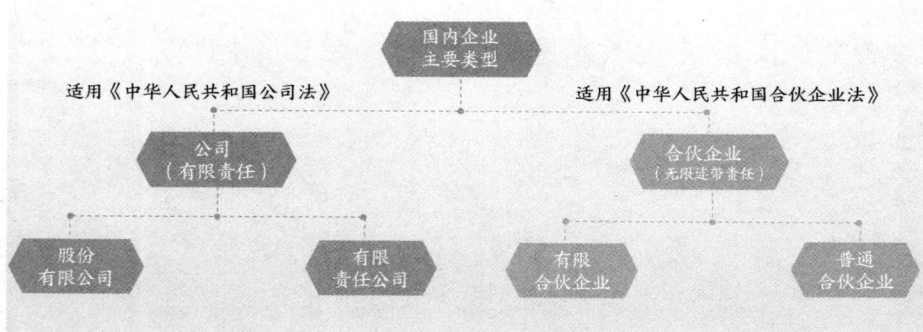

图3-1 国内企业主要类型

// 第一种主要类型：公司 //

《公司法》规定，在我国只能设立两种公司，即有限责任公司和股份有限公司。

———————————————————— 《中华人民共和国公司法》

（节选自第六条）设立公司，应当依法向公　第一章　总则
司登记机关申请设立登记。符合本法规定的设立

条件的，由公司登记机关分别登记为有限责任公司或者股份有限公司；不符合本法规定的设立条件的，不得登记为有限责任公司或者股份有限公司。

《中华人民共和国公司法》
第一章　总则

第三条　公司是企业法人，有独立的法人财产，享有法人财产权。公司以其全部财产对公司的债务承担责任。

有限责任公司的股东以其认缴的出资额为限对公司承担责任；股份有限公司的股东以其认购的股份为限对公司承担责任。

有限责任公司的主要特点是：所有的股东都是以其对公司的出资额为限对公司承担责任；公司只是以其全部资产来承担公司的债务。

股份有限公司的主要特点是：公司的全部资本分成等额股份；股东只以其所认购的股份为限对公司承担责任；公司只以其全部资产来承担公司的债务。

从有限责任公司和股份有限公司的特点来看，公司的有限责任特点为股东在公司以外的财产设置了风险隔离墙，股东只需要承担其出资额或认购的股份的有限责任，不会对股东的其他个人或家庭财产造成威胁，也正因为如此，市场上大部分经营主体采用了有限责任公司的形式。

这里需要说明的一点是，股东只有一人的公司为一人有限责任公司，虽然《公司法》规定了公司为有限责任，但对一人有限责任公司另有特别规定。

《中华人民共和国公司法》
第二章　有限责任公司的设立和组织机构

第六十三条　一人有限责任公司的股东不能证明公司财产独立于股东自己的财产的，应当对公司债务承担连带责任。

除此之外，有限责任公司和股份有限公司的特征也有所不同，它们的特征对比如表3-1所示。

表3-1　有限责任公司和股份有限公司的特征对比

对比项	有限责任公司	股份有限公司
范围	非上市公司	含非上市、上市、挂牌新三板公司
股东人数	1~50人	发起人2~200人；上市公司、挂牌新三板公司、受监管非上市公众公司股东可超过200人
表现形式	股权	股份
股东责任	以其认缴的出资额为限	以其认购的股份为限
股东的分红	按实缴的出资比例分红，但全体股东约定不按出资比例分红的除外	一般按股份比例分配利润，但公司章程可规定不按持股比例分配利润
股东（大）会	• 股东按照出资比例行使表决权 • 股东会的议案方式和表决程序，除《公司法》规定外，由公司章程规定 • 特殊事项必须经代表2/3以上表决权的股东通过 • 为股东或实际控制人担保经出席股东表决权过半数通过	• 同股同权，一股份一表决权 • 一般事项经出席股东表决权过半数通过 • 特殊事项经出席股东表决权2/3以上通过 • 为股东或实际控制人担保经出席股东表决权过半数通过
董事会	一人一票，议事方式和表决程序由公司章程规定	一人一票，过半数董事出席方可举行会议，决议须经全体董事过半数通过；违法、违章程或股东大会决议等造成严重损失的，参与的董事负赔偿责任（已记录异议的董事除外）
监事会	监事会决议经半数以上监事通过	
股权（份）转让	股东之间可以相互转让其全部或部分股权，向股东以外的人转让股权应当经其他股东过半数同意。公司章程对股权转让另有规定的，从其规定	在交易所或以国务院规定的其他方式进行转让，对发行人、董事、监理、高管转让股份有限制

上市或挂牌之前的公司多为有限责任公司，如果公司准备上市或者挂牌新

三板，都必须先改制为股份有限公司。

因创业公司多以有限责任公司的形式出现，所以本书的主要内容以适用于有限责任公司为主。

// 第二种主要类型：合伙企业 //

《中华人民共和国合伙企业法》（以下简称《合伙企业法》）将合伙企业分为普通合伙企业和有限合伙企业。

普通合伙企业由普通合伙人组成，普通合伙人对合伙企业债务承担无限连带责任。这种企业类型常见于知识服务类企业，如管理咨询公司等，在此略过。

有限合伙企业由普通合伙人和有限合伙人组成，普通合伙人对合伙企业债务承担无限连带责任，有限合伙人以其认缴的出资额为限对合伙企业债务承担责任。普通合伙人执行合伙事务，有限合伙人不执行合伙事务，不得对外代表有限合伙企业。

有限合伙企业并不像有限责任公司那样按持股比例拥有权利和承担义务，合伙人的权利和义务与股权比例不直接相关，而与合伙人类型有关系。有限责任公司和有限合伙企业的特征对比如表3-2所示。

表3-2　有限责任公司和有限合伙企业的特征对比

对比项	有限责任公司	有限合伙企业
常见类型	常见的普通企业	股权投资、投资基金类企业
股东人数	2~50人（1人公司为特例）	2~50人，至少一个普通合伙人
出资形式	可用货币出资，也可用实物、知识产权、土地使用权等可用货币估值并可依法转让的非货币资产作价出资	可用货币、实物、知识产权、土地使用权或其他财产权利出资，也可用劳务出资，但有限合伙人不得以劳务出资

（续表）

对比项	有限责任公司	有限合伙企业
股东（合伙人）责任	以其认缴的出资额为限	普通合伙人承担无限连带责任，有限合伙人以认缴的出资额为限承担责任
重要文件	公司章程、股东协议	全体合伙人协商一致的合伙协议
表决权	• 特殊事项必须经代表2/3以上表决权通过 • 为股东或实际控制人担保经出席股东表决权过半数通过 • 其他可由公司章程约定	• 由普通合伙人执行合伙事务，可要求报酬及提取方式 • 有限合伙人不执行合伙事务，不得对外代表企业 • 其他可由合伙协议约定
分红权	按实缴的出资比例分红，但全体股东约定不按出资比例分红的除外	• 按合伙协议约定，约定不明则协商决定，协商不成则按出资比例确定，无法确定则平均分 • 除合伙协议另有约定外，不得将全部利润分配给部分合伙人
对外转让股权或财产份额	向股东以外的人转让股权应当经其他股东过半数同意。公司章程另有规定的除外	有限合伙人可以按照合伙协议的约定向合伙人以外的人转让其在有限合伙企业中的财产份额，但应当提前三十日通知其他合伙人

正因为有限责任公司和有限合伙企业的特征，很多有经验的创业者一般都会采用以有限责任公司为经营主体、以有限合伙企业为投资或激励主体相辅相成的方式来运作项目。

第二节 常见的八种控制权设计方法

在众多知名企业中，创始人持股比例极低是比较常见的情况，比如马云只拥有蚂蚁集团1.2%的股权，任正非只拥有华为不到1%的股权，刘强东持有京东的股权多一些，但也只有16.2%。这样，他们对公司的控制权不会出问题吗？事实上，股权生命线、持股67%拥有绝对控制权等说法不够准确。并不是只有控股才能控制公司，不控股的小股东也能控制公司。这里就牵涉几种常见的控制方式，或者说决策机制，这部分内容对于创始人来说非常重要。本节讲述常见的八种控制权设计方法，如图3-2所示。

图3-2 常见的八种控制权设计方法

// 第一种控制权设计方法：投票权委托 //

投票权委托是指股东在股东大会召开之前，通过授权委托书委托代理人出席股东大会来行使其表决权。

《中华人民共和国公司法》

第一百零六条 股东可以委托代理人出席股东大会会议，代理人应当向公司提交股东授权委托书，并在授权范围内行使表决权。

第四章 股份有限公司的设立和组织机构

从这条规定可以看出，股东在委托代理人时，应当开具书面的授权委托书，在授权委托书上写明委托何人以自己的名义参加哪一次股东大会以及可以就哪些事项进行表决，并由股东在授权委托书上签名盖章。

最典型的案例是"野蛮人事件"，在此事件结束之前，恒大曾将其14.07%股票的投票权委托给深圳地铁集团行使。具体新闻报道内容如下。

新浪财经讯（2017年）3月16日消息，中国恒大董事会欣言宣布本公司于2017年3月16日与深圳市地铁集团有限公司（'深圳地铁集团'）签署战略合作框架协议，据此本公司将本公司下属企业所持有的万科企业股份有限公司（'万科'）1 553 210 974股A股（约占万科总股本14.07%）的表决权不可撤销地委托给深圳地铁集团行使，期限一年。同期，本公司业已将上述万科股份融资质押给中信证券（23.490，0.11，0.47%）股份有限公司，期限一年。

目前在万科，宝能系持有万科股权25.4%，居第一大股东位；深圳地铁集团受让华润所持万科全部股权，持股比15.31%；中国恒大集团持股14.07%，安邦持股6.18%，万科管理层通过金鹏计划持股4.14%，万科企业股中心通过德赢计划持股3.66%。

2017年6月，随着华润的退出以及深圳地铁集团的接盘，关于万科"野蛮人事件"的恩怨纠葛终于落下帷幕。

截止到2018年4月3日，宝能集团董事长姚振华连续两次通过大宗交易减持了万科股份，两次累计获利20.7亿元。从2015年7月大举买入万科股份到2018年的减持，不到三年的时间，宝能系可以说是做了一次高回报率的投资。

万科最终也保住了控制权，维持了企业文化和经营风格，成功抵御了宝能系的"野蛮进攻"。

// 第二种控制权设计方法：一致行动人 //

《公司法》第二百一十六条规定：实际控制人，是指虽不是公司的股东，但是通过投资关系、协议或者其他安排，能够实际支配公司行为的人。

《上市公司收购管理办法》第八十三条规定：本办法所称一致行动，是指投资者通过协议、其他安排，与其他投资者共同扩大其所能够支配的一个上市公司股份表决权数量的行为或者事实。在上市公司的收购及相关股份权益变动活动中有一致行动情形的投资者，互为一致行动人……一致行动人应当合并计算其所持有的股份……

从上述规定可见，出于公司控制权或某些重大事项决策的需要，公司股东可通过签署《一致行动协议》，形成一致行动人，保证公司经营决策的科学高效和稳定控制。

虽然《上市公司收购管理办法》对一致行动和一致行动人进行了认定，但对《一致行动协议》的内容并未做强制性规范，协议的内容完全取决于各方的约定，通常会在协议中约定违约条款，如违背协议约定将受到惩罚。

需要注意的是，一致行动人的控制效力较弱，一方面《一致行动协议》一般都有期限限制，在期限届满后，协议将失效，另一方面其效力也仅限于签约的主体，对协议外其他的第三方不具法律效力。

// 第三种控制权设计方法：持股平台 //

合伙人或投资人不直接持有公司的股权，而是通过一个平台间接持有，这个用于间接持股的平台就是持股平台。也就是说，若干股东共同出资，把资金投入持股平台，然后，持股平台将这笔资金投入创业公司。这样，若干股东在创业公司里只体现为一个持股平台。持股平台是目前较为主流的方式，如蚂蚁金服就采取了持股平台的方式保障控制权的稳定。这一部分的内容比较重要，将在下一节进行深入讲解。

// 第四种控制权设计方法：AB 股模式 //

刘强东持有京东集团股权 **16.2%**，拥有 **78.7%** 的投票权

采用 AB 股模式的公司有谷歌、Facebook、京东等。

京东是在美国上市的，采用的就是 AB 股模式：A 类股票每股有 1 个投票权，B 类股票每股有 20 个投票权。刘强东所持股票属于 B 类股票，其他股东所持股票属于 A 类股票。2020 年 2 月 11 日，刘强东向美国证券交易委员会递交的文件显示，刘强东持有与其代持的京东集团股权为 16.2%，拥有 78.7% 的投票权。

在 AB 股的模式下，刘强东虽然持股不足 20%，但控制股东大会的大多数投票权，从而牢牢地把握公司的控制权。中国国内许多去美国上市的互联网公司，也通过 AB 股模式设计多重的投票权来保护创始人的控制权，如百度、阿里巴巴等。

因为涉及同股不同权的情况，目前中国内地不允许使用 AB 股模式，中国香港特别行政区可接受符合条件的公司采用 AB 股的上市申请，如未来没有盈利的生物科技公司、同股不同权的新经济公司，已在欧美市场上市的创新型公司等。小米和美团采用的也是 AB 股模式，并成功在中国香港特别行政区上市。

对于创业公司，如果经营主体是有限责任公司，由于股东人数有限，法律允许股东间有更多自由约定的空间。

第四十二条　股东会会议由股东按照出资比例行使表决权；但是，公司章程另有规定的除外。

《中华人民共和国公司法》
第二章　有限责任公司的设立和组织机构

从这条规定可以看出，股东可以通过公司章程的规定，不按出资比例行使表决权。比如甲和乙两人出资成立 A 公司，甲出资 80 万元，占注册资金的 80%，可约定甲拥有 30% 的表决权；乙出资 20 万元，占注册资本的 20%，可约定已拥有 70% 的表决权。通过类似的约定，可实现 AB 股模式的效果，更方便进行公司控制权的设计。

// 第五种控制权设计方法：董事会 //

董事会是向股东会负责的机构，负责召集股东会会议，执行股东会决议，制订由股东会决定的方案，决定除股东会决定以外的其他重大事项。

第四十六条　董事会对股东会负责，行使下列职权：

《中华人民共和国公司法》
第二章　有限责任公司的设立和组织机构

（一）召集股东会会议，并向股东会报告工作；

（二）执行股东会的决议；

（三）决定公司的经营计划和投资方案；

（四）制定公司的年度财务预算方案、决算方案；

（五）制定公司的利润分配方案和弥补亏损方案；

（六）制定公司增加或者减少注册资本以及发行公司债券的方案；

（七）制定公司合并、分立、解散或者变更公司形式的方案；

（八）决定公司内部管理机构的设置；

（九）决定聘任或者解聘公司经理及其报酬事项，并根据经理的提名决定聘任或者解聘公司副经理、财务负责人及其报酬事项；

（十）制定公司的基本管理制度；

（十一）公司章程规定的其他职权。

股东人数较少或者规模较小的有限责任公司，可以设一名执行董事，不设董事会。

股东会、董事会、经理是《公司法》规定的公司三级机构，《公司法》对三级机构的职权都做了规定，如表3-3所示。

表3-3　股东会、董事会、经理三级机构职权对比

序号	事项	股东会	董事会	经理
1	股东会会议	表决	召集、执行、报告	—
2	经营方针	决定	—	—
3	经营计划	—	决定	组织实施
4	经营管理	—	—	主持
5	投资计划	决定	—	—
6	投资方案	—	决定	组织实施
7	选董事、监事	决定	—	—

（续表）

序号	事项	股东会	董事会	经理
8	董事会会议	—	决议	列席、组织实施
9	董事会报告	批准	提交	—
10	监事会报告	批准	—	—
11	年度财务预算方案	批准	制定方案	—
12	年度财务决算方案	批准	制定方案	—
13	利润分配方案	批准	制定方案	—
14	弥补亏损方案	批准	制定方案	—
15	增资或减资	代表2/3以上表决权的股东通过	制定方案	—
16	发行债券	决定	制定方案	—
17	合并、分立、解散、变更公司形式	代表2/3以上表决权的股东通过	制定方案	—
18	修改公司章程	代表2/3以上表决权的股东通过	—	—
19	管理机构设置	—	决定	拟定
20	基本管理制度	—	制定	拟定
21	具体规章	—	—	制定
22	选聘总经理	—	决定	—
23	副总、财务负责人	—	决定	提请
24	其他高管	—	—	决定
25	其他职权	公司章程规定	公司章程规定	董事会授予，公司章程规定

《公司法》只规定由股东会选举和更换非由职工代表担任的董事，并未对董事的身份做相关规定，即董事可以不是股东，中途可以更换。

董事的产生办法可通过公司章程来约定，所以有限责任公司可以较为自由地约定董事的产生规则，通过控制董事人选而控制董事会，因此，董事会也成为很多公司设计控制权时比较常用的方式。比如奇虎360在与老友计公司、胡某及李某共同签订的《投资协议书》中约定：奇虎360有权委派一名董事对老友计公司从事包括"任何股份的出售、转让、质押或股东以任何方式处置其持有的公司股权的部分或全部"等行为均享有一票否决权。同样，融创入股乐视网，协议约定融创方有权提名一名非独立董事和一名独立董事加入乐视网的董事会，并有权提名一名财务经理。

除了约定董事人选的产生规则，还可以通过公司章程规定董事会的表决程序。

《中华人民共和国公司法》
第二章　有限责任公司的设立和组织机构

第四十八条　董事会的议事方式和表决程序，除本法有规定的外，由公司章程规定。

董事会应当对所议事项的决定作成会议记录，出席会议的董事应当在会议记录上签名。

董事会决议的表决，实行一人一票。

董事会的表决规则区别于股东会，实行一人一票制，即无论大股东占据多少股权，只有一票。值得注意的是董事会成员是由股东会选举产生的，董事会对股东会负责。

现实中，有很多公司通过给某些董事设置特别权利（如上文奇虎360的一票否决权）而影响董事会的决策，创业团队在融资的过程中要特别注意这一点。

另外，董事长因比一般董事或高管有更多权利，而成为众多控制权争夺战的焦点。

《中华人民共和国公司法》
第二章　有限责任公司的设立和组织机构

（节选自第四十条）　有限责任公司设立董事会的，股东会会议由董事会召集，董事长主持；

董事长不能履行职务或者不履行职务的，由副董事长主持；副董事长不能履行职务或者不履行职务的，由半数以上董事共同推举一名董事主持。

　　有限责任公司不设董事会的，股东会会议由执行董事召集和主持。

　　《公司法》规定的董事长特别职权是召集或主持会议，这既是董事长的权利，也是义务。董事长主持会议应符合公司利益，保证董事会会议正常有序进行。如果不按法律和公司章程规定由董事长召集或主持会议，可能导致决议无效，功亏一篑。反之，在实践中也经常出现董事长利用该职权影响其他董事的表决权来控制公司的案例。

// 第六种控制权设计方法：股东会 //

　　有限责任公司的股东会是由全体股东组成的决定公司经营管理的重大事项的机构。股东会是公司最高权力机构，是企业经营管理和股东利益的最高决策机关，其他机构都由它产生并对它负责。

《中华人民共和国公司法》
第二章　有限责任公司的
设立和组织机构

　　第三十七条　股东会行使下列职权：

　　（一）决定公司的经营方针和投资计划；

　　（二）选举和更换非由职工代表担任的董事、监事，决定有关董事、监事的报酬事项；

　　（三）审议批准董事会的报告；

　　（四）审议批准监事会或者监事的报告；

　　（五）审议批准公司的年度财务预算方案、决算方案；

　　（六）审议批准公司的利润分配方案和弥补亏损方案；

（七）对公司增加或者减少注册资本作出决议；

（八）对发行公司债券作出决议；

（九）对公司合并、分立、解散、清算或者变更公司形式作出决议；

（十）修改公司章程；

（十一）公司章程规定的其他职权。

对前款所列事项股东以书面形式一致表示同意的，可以不召开股东会会议，直接作出决定，并由全体股东在决定文件上签名、盖章。

从这条规定可以看出，股东会不仅可以选举或任免董事会和监事会成员，而且企业的重大经营决策和股东的利益分配等都要得到股东会的批准。

《公司法》中对于股东会的表决比例有如下规定。

① 分红的表决比例

有限责任公司默认按实缴的出资比例分红，如果不按出资比例分红的，需要全体股东同意，只有67%或51%表决权的股东同意则不符合该条规定。

《中华人民共和国公司法》
第二章　有限责任公司的设立和组织机构

第三十四条　股东按照实缴的出资比例分取红利；公司新增资本时，股东有权优先按照实缴的出资比例认缴出资。但是，全体股东约定不按照出资比例分取红利或者不按照出资比例优先认缴出资的除外。

② 引入新股东的表决比例

有限责任公司通过转让股权的方式引入新股东，须经其他股东过半数同意。

第七十一条　有限责任公司的股东之间可以相互转让其全部或者部分股权。

股东向股东以外的人转让股权，应当经其他股东过半数同意。股东应就其股权转让事项书面通知其他股东征求同意，其他股东自接到书面通知之日起满三十日未答复的，视为同意转让。其他股东半数以上不同意转让的，不同意的股东应当购买该转让的股权；不购买的，视为同意转让。

经股东同意转让的股权，在同等条件下，其他股东有优先购买权。两个以上股东主张行使优先购买权的，协商确定各自的购买比例；协商不成的，按照转让时各自的出资比例行使优先购买权。

公司章程对股权转让另有规定的，从其规定。

❸ 重大事项的表决比例

修改公司章程、增加或减少注册资本的决议，以及公司合并、分离、解散或者变更公司形式的决议，必须经代表2/3以上表决权的股东通过。

第四十三条　股东会的议事方式和表决程序，除本法有规定的外，由公司章程规定。

股东会会议作出修改公司章程、增加或者减少注册资本的决议，以及公司合并、分立、解散或者变更公司形式的决议，必须经代表三分之二以上表决权的股东通过。

❹ 关联交易的表决比例

《中华人民共和国公司法》

第十六条　公司向　**第一章　总则**

其他企业投资或者为

他人提供担保，依照

公司章程的规定，由董事会或者股东会、股东大会决议；公司章程对投资或者担保的总额及单项投资或者担保的数额有限额规定的，不得超过规定的限额。

公司为公司股东或者实际控制人提供担保的，必须经股东会或者股东大会决议。前款规定的股东或者受前款规定的实际控制人支配的股东，不得参加前款规定事项的表决。该项表决由出席会议的其他股东所持表决权的过半数通过。

这里需要注意的一点是，《公司法》规定的股东会的表决方式一般是通过股份数量所代表的表决权的比例来进行决策的，即股权比例有多少，就有多少的表决权。

// 第七种控制权设计方法：公司章程 //

公司章程被称为"公司宪法"，是股东间合作的最高行为准则，在公司内部具有最高法律地位。但是遗憾的是，因为对《公司法》和公司章程的法律效力缺乏了解，实践中很少有创业者对公司章程给予足够的重视。

《公司法》中"公司章程另有规定的除外"和"由公司章程规定"，给控制权的设计留足了空间。比如公司章程可以约定不按出资比例行使表决权，可以约定同股不同权，可以约定董事长、副董事长的产生办法等重要事项，具体参见本书"第七步　股权机制落实"的相关内容。

第三十四条　股东按照实缴的出资比例分取红利；公司新增资本时，股东有权优先按照实缴的出资比例认缴出资。但是，全体股东约定不按照出资比例分取红利或者不按照出资比例优先认缴出资的除外。

《中华人民共和国公司法》
第二章　有限责任公司的设立和组织机构

第四十二条　股东会会议由股东按照出资比例行使表决权；但是，公司章程另有规定的除外。

《中华人民共和国公司法》
第二章　有限责任公司的设立和组织机构

（节选自第四十四条）　董事会设董事长一人，可以设副董事长。董事长、副董事长的产生办法由公司章程规定。

《中华人民共和国公司法》
第二章　有限责任公司的设立和组织机构

在以往的公司登记过程中，公司章程的设计往往被忽略。今后，希望创业者在公司登记之初就能了解公司章程的重要性，并进行合理设计。

// 第八种控制权设计方法：股东协议 //

股东协议是股东间约定投资项目、投资方式、收益分配、公司人事任命、商业风险及亏损负担、经营管理方式、清算和终止公司等股东权利义务关系的协议。

股东协议从两个方面影响公司的控制权：一是对公司管理人员任免的影响，股东协议可以约定公司董事、经理和公司其他管理人员人选，也可以约定《公司法》规定之外的股东会、董事会决议的法定人数和决议表决要求；二是股东协议可以约定共同行使表决权（即一致行动）以保障对公司的控制权，也可以约定股东表决权的行使方法，如多数决、股东否决权及其他特权等。这两项内容也同样可以在公司章程中约定。

股东协议和公司章程都是股东实现公司自治的工具，股东协议约定的某些事项也可以规定在公司章程中，可以起到补充公司章程规定的作用。但是公司章程的法律效力要高于股东协议，故在约定股东协议时务必保证没有与公司章程有冲突的事项。

第三节 持股平台

持股平台之所以流行，是因为这种设计不仅可以保持主体公司股权的稳定性，便于融资的顺利进行，还可以避免因股权数量或人员变动而对主体公司频繁进行工商变更，并且可以合理地转移或降低税收。持股平台示例如图3-3所示。

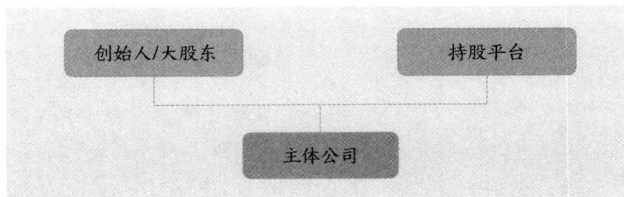

图3-3　持股平台示例

合伙人或投资人在持股平台持股，由持股平台持有主体公司的股权，也就是合伙人或投资人间接持有主体公司的股权。持股平台的形式主要有：有限合伙企业、有限责任公司、股份有限公司、私募基金、信托计划、资管计划、工会等。其中，创业公司常用的是有限责任公司和有限合伙企业。

// 第一种方式：成立有限责任公司作为持股平台 //

有限责任公司作为持股平台的示例如图3-4所示。

额外成立有限责任公司作为持股平台，持股平台作为法人股东可在主体公司行使股东权利；但持股平台的股东（如其他合伙人或投资人），不是主体公司的直接股东，不能直接参与主体公司的股东会，不可以在主体公司行使股东权利，只可以在持股平台行使股东权利。

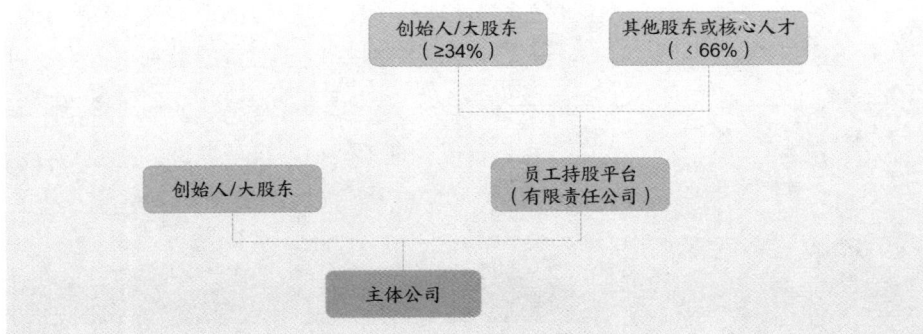

图3-4　有限责任公司作为持股平台

以有限责任公司作为持股平台，通过设定大股东的股权比例（如1/2或1/3以上）、法定代表人等方式，可保证主体公司的控制权不受持股平台的影响，但持股平台的股东可以共享主体公司利润与收益。

// 第二种方式：成立有限合伙企业作为持股平台 //

在前文提到过，有限合伙企业并不像有限公司那样按持股比例拥有权利和承担义务，合伙人的权利义务与合伙人的类型有关。《中华人民共和国合伙企业法》明确规定：有限合伙企业由普通合伙人执行合伙事务，有限合伙人不执行合伙事务，不得对外代表有限合伙企业。

故以有限合伙企业作为持股平台，合伙人可以通过签订合伙协议，约定普通合伙人和有限合伙人身份，通过控制合伙企业来保障主体公司的控制权稳定。

有限合伙企业作为持股平台的示例如图3-5所示。

持股平台的普通合伙人（General Partner，GP）由创始人或指定方（大股东或指定投资人）担任，其他股东或核心人才作为这个持股平台的有限合伙人（Limited Partner，LP）。

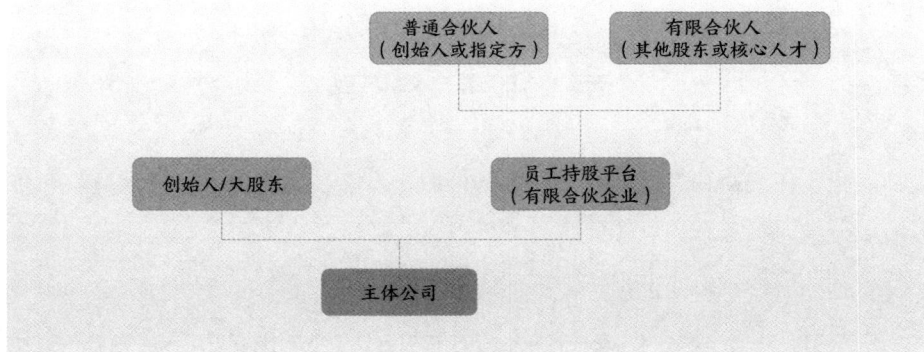

图3-5 有限合伙企业作为持股平台示例

公司创始人或大股东作为持股平台的GP，执行合伙事务，拥有对平台公司的决策权。合伙人或投资人作为LP，不执行合伙事务，不拥有平台公司的决策权。

这样，创始人或大股东就可以凭借较少的财产份额获得对持股平台的控制权，实现"钱权分离"。投资人也同样适用于持股平台的设计模式。双持股平台设计的示例如图3-6所示。

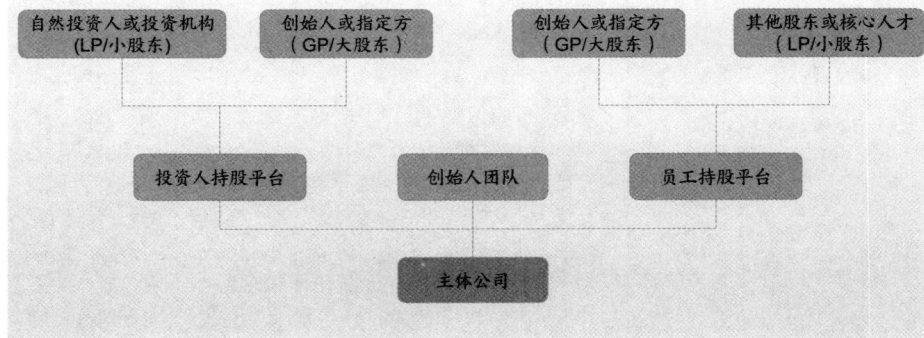

图3-6 双持股平台设计

// **两种持股平台的差异** //

有限责任公司和有限合伙企业两种持股平台在决策方式、管理人员、利润分配、分红时税务承担、转让时税务承担、政策规范等方面有一些差异。有限责任公司与有限合伙企业对比表如表3-4所示。

表3-4 有限责任公司与有限合伙企业对比表

企业类型	决策方式	管理人员	利润分配	分红时税务承担	转让时税务承担	政策规范
有限责任公司	同股同权，允许同股不同权的例外	股东决定	• 一般按出资比例分配利润 • 分配当年税后利润时，应当提取利润的10%列入公司法定公积金，直至累计额为公司注册资本的50%以上。提取法定公积金后，公司的可分配利润相应减少	• 公司取得分红时免税 • 公司股东按股息红利缴纳20%的个人所得税	公司转让其持有的股权，缴纳25%的企业所得税，税后利润再分配给股东，股东缴纳20%的个人所得税	相关法律法规更健全，未来政策风险较小
有限合伙企业	• 普通合伙人负责决策 • 有限合伙人不参与经营	普通合伙人	• 根据有限合伙协议约定分配利润 • 没有法定公积金的要求，同等条件下，可分配利润大于公司制企业	• 企业取得分红时不纳税 • 合伙人缴纳20%的个人所得税	企业不纳税，合伙人按经营所得缴纳5%~35%的个人所得税	相关法律法规仍不健全，不同地区关于"先分后税"的解释、纳税时点等方面存在区别，未来将面对政策规范的风险

从控制权的角度来看，有限合伙企业由普通合伙人负责执行合伙事务与决策，有限责任公司一般同股同权，需要通过股权优势取胜。

- 要想控制有限合伙企业，主体公司大股东只需要担任普通合伙人即可，可以用极少量的出资来控制持股平台。
- 要实现对有限责任公司的控制，则需要通过股权比例优势、委派董事人数或者决策权与分红权的分离等约定的方式来实现，相对更加复杂。

从管理程序上来说，有限责任公司较为复杂，有限合伙企业较为灵活。

- 有限责任公司的管理程序相对烦琐，公司需要设立股东会、董事会、监事会，需要明确股东会、董事会、监事会和总经理的职权范围，以确保运营管控有效，保证持股平台股东的利益得以实现。
- 有限合伙企业的内部治理机制灵活，合伙人之间可以根据合伙协议的约定确定权利义务关系、收益分配方式等。

从利润分配来对比，有限责任公司分配当年税后利润时，应当提取利润的10%列入公司法定公积金，直至累计额为公司注册资本的50%以上。提取法定公积金后，公司的可分配利润相应减少。有限合伙企业没有该强制性要求。因此，在同等条件下，有限合伙企业的可分配利润大于有限责任公司。

从所得税税负分析，节税效果上，在股息、红利所得税税负方面，两种持股平台没有实质差别，而在股权转让环节，有限合伙企业更占优势。

两种持股平台的股息、红利所得税税负分析如下。

- 持股平台的所得税税负主要发生在股息、红利所得和股权转让所得两个环节，涉及的征税主体包括持股平台和持股员工个人。
- 根据国税函〔2001〕84号文件的规定，合伙企业对外投资分回的利息或者股息、红利，不并入企业的收入，而应单独作为投资者个人取得的利息、股息、红利所得，按"利息、股息、红利所得"应税项目计算缴纳个人所得税，即按20%的税率计算缴纳。
- 根据《中华人民共和国企业所得税法》的规定，居民企业之间的股息、红利等权益性投资收益为免税收入，投资者个人从有限责任公司分红时，只需要按20%的税率缴纳个人所得税。

两种持股平台的股权转让环节的税负分析如下。

- 对于有限合伙企业股权转让所得，目前税法规定不对有限合伙企业计征企业所得税，而是直接针对股东个人，按照"先分后税"的原则，根据分配比例计算各个合伙人的应纳税所得额。
- 有限责任公司对外转让股权所得，应先由公司缴纳企业所得税，股东个人在取得税后利润时，再缴纳个人所得税。

由此可见，在股权转让环节，有限责任公司存在双重纳税问题。有限合伙企业虽有一定优势，但需要按"个体工商户的生产经营所得"适用5%～35%的五级超额累进税率计算个人所得税，税负仍然比较重。

区域税收优惠政策可以帮助企业减免一些税负，如上海、新疆、深圳、青岛高新区等地区对引进企业都有一些税收优惠政策。从区域税收优惠政策来看，两种持股方式在股权退出环节皆可获得一定程度的节税效果。

鉴于篇幅有限，很多问题未能深入探讨。比如相比公司制持股平台而言，有限合伙制持股平台在税收方面有一定优势，但如果税收筹划合理，通过公司持股方式的实际税负也可能低于合伙企业。

从政策规范层面讲，目前国内合伙企业的相关法律法规仍不健全，实践中，不同地区关于"先分后税"的解释、纳税时点等方面存在区别，未来可能面临政策规范的风险。相对于合伙企业，公司的相关法律法规更健全，未来政策风险较小。

综上，初创企业在持股平台的设计上，应综合考虑各种因素，选择最为适配的持股平台形式，确保企业控制权的稳定性，驱动企业的定性发展。

案例 6

为争夺控制权，联合创始人反目

————

苗俊强和郭珊作为 H 公司的联合创始人，曾一度成为互联网的传奇，二人珠联璧合、携手并肩，借着互联网的崛起乘风破浪，事业做得风生水起。

然而，"合久必分"一语成谶，近年来，关于苗俊强和郭珊控制权争斗的事件经常成为新闻热点内容。最近一次的事件是已经失去控制权的苗俊强发表声明，称因股东权益受损，已召开临时股东会，罢免郭珊的执行董事和总经理身份，并以新任董事长的身份决定进行分红。

接下来本书将逐一梳理本次事件中的关键信息，从股东权益、利润分配、财产分割及程序合规这四个维度解读及分析，希望带给读者更深的思考。

第一个维度：关于股东权益，郭珊拒绝披露经审计的公司财务报表及连续盈利多年却从不分红，是否侵犯了股东权益？

这个维度有两个关键点，第一个关键点是郭珊拒绝向股东披露经审计的财务报表。

《中华人民共和国公司法》

第二章　有限责任公司的设立和组织机构

第三十三条　股东有权查阅、复制公司章程、股东会会议记录、董事会会议决议、监事会会议决议和财务会计报告。

股东可以要求查阅公司会计账簿。股东要求查阅公司会计账簿的，应当向公司提出书面请求，说明目的。公司有合理根据认为股东查阅会计账簿有不正当目的，可能损害公司合法利益的，可以拒绝提供查阅，并应当自股东提出书面请求之日起十五日内书面答复股东并说明理由。公司拒绝提供查阅的，股东可以请求人民法院要求公司提供查阅。

所以，股东有权查阅公司财务报表，是法律规定的权利。如果 H 公司真的存在拒绝股东查阅公司财务报表的情况，股东可以去人民法院起诉，申请强制执行。

第二个关键点是公司虽连续多年盈利却从不分红，即从未进行利润分配。

对于有限责任公司，《公司法》没有规定盈利必须进行利润分配，此条并不违法。在符合法定的分红条件的基础下，利润分配是可以通过公司章程来规定的，具体要看公司章程怎么规定。并且法律规定，公司分红在程序上须有公司股东会审议批准的利润分配方案，股东会会议由股东按照出资比例行使表决权（公司章程另有规定的除外）。

另外，如果公司连续多年盈利，符合法定的分红条件，而公司又没有分红的，对要求分红不得的股东，可以要求公司回购股权，即选择退出。

《中华人民共和国公司法》

第二章　有限责任公司的设立和组织机构

第三十四条　股东按照实缴的出资比例分取红利；公司新增资本时，股东有权优先按照实缴的出资比例认缴出资。但是，全体股东约定不按照出资比例分取红利或者不按照出资比例优先认缴出资的除外。

《中华人民共和国公司法》

第八章 公司财务、会计

（节选自第一百六十六条） 公司分配当年税后利润时，应当提取利润的百分之十列入公司法定公积金。公司法定公积金累计额为公司注册资本的百分之五十以上的，可以不再提取。

公司的法定公积金不足以弥补以前年度亏损的，在依照前款规定提取法定公积金之前，应当先用当年利润弥补亏损。

第二个维度：关于利润分配，苗俊强说拿出上一年度税后净利润的35%的来分红，是否可行？

利润分配方案最终由股东会审议批准，而股东会的议事规则和表决程序，除《公司法》规定的外，由公司章程规定。

然而，分析H公司的股权架构发现，郭珊持股65%，苗俊强只有27%的股权，如图3-7所示，如果公司章程规定了利润分配方案必须经代表50%以上的表决权的股东通过，那即使其他的股东都支持苗俊强，没有郭珊的同意，苗俊强也不能决定分红。具体还是决定于公司章程的规定。

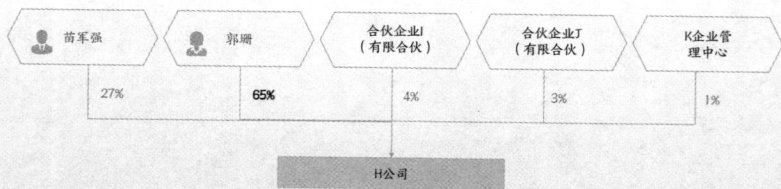

图3-7 H公司的股权架构

第三个维度：关于二人的共同财产及股权分割，苗俊强称二人财产共有，个人实际持有公司46%的股权，是否合理？

彼时，二人已是夫妻。苗俊强和郭珊合计持有H公司92%的股份，苗俊强认为婚姻存续期间夫妻财产共有，那么他的实际持股为46%，加上合伙企业I和J的支持，他实际获得53%的支持。

根据《公司法》第三十二条和第四十二条规定，在有限责任公司中，股东可以依据股东名册的记载以及国家市场监督管理总局记载的相应的股权比例来行使相应的股东权利。无论苗俊强与郭珊是否离婚，都要以国家市场监督管理总局登记和股东名册记载的股权作为他们各自行使股东权利的依据。

《中华人民共和国公司法》

第二章　有限责任公司的设立和组织机构

第三十二条　有限责任公司应当置备股东名册，记载下列事项：

（一）股东的姓名或者名称及住所；

（二）股东的出资额；

（三）出资证明书编号。

记载于股东名册的股东，可以依股东名册主张行使股东权利。

公司应当将股东的姓名或者名称向公司登记机关登记；登记事项发生变更的，应当办理变更登记。未经登记或者变更登记的，不得对抗第三人。

《中华人民共和国公司法》

第二章　有限责任公司的设立和组织机构

第四十二条　股东会会议由股东按照出资比例行使表决权；但是，公司章程另有规定的除外。

苗俊强和郭珊离婚诉讼分割的夫妻共同财产是H公司92%的股权。

《最高人民法院关于适用<中华人民共和国民法典>婚姻家庭编的解释（一）》第七十二条规定：夫妻双方分割共同财产中的股票、债券、投资基金份额等有价证券以及未上市股份有限公司股份时，协商不成或者按市价分配有困难的，人民法院可以根据数量按比例分配。

也就是说在离婚案件判决未最终生效前，双方在公司的股权不能简单地对半分割。

第四个维度：苗俊强召开的股东会是否合规合法？决议是否有效？

苗俊强曾要求召开股东会，设立董事会，郭珊不同意，监事也拒绝召集会议。之后苗俊强自行发起临时股东会议，部分小股东参加了会议，会上经半数以上股东同意，决议选举苗俊强为董事长和总经理。

北京大学法学院教授邓峰表示，关于此次公告有两个问题：第一是股东会的程序是否合法，第二是表决结果是否有效。

《中华人民共和国公司法》

第二章　有限责任公司的设立和组织机构

（节选自第四十条）董事会或者执行董事不能履行或者不履行召集股东会会议职责的，由监事会或者不设监事会的公司的监事召集和主持；监事会或者监事不召集和主持的，代表十分之一以上表决权的股东可以自行召集和主持。

——————————————

（节选自第四十一条）召开股东会会议，应当于会议召开十五日前通知全体股东；但是，公司章程另有规定或者全体股东另有约定的除外。

《中华人民共和国公司法》
第二章　有限责任公司的
设立和组织机构

根据以上两款规定，在H公司的章程没有特殊规定的情况下，持股27%的苗俊强可以要求召开临时股东大会。

至于股东会召集程序上是否合法，表决程序是否正当，没有具体资料，无法明确。

然而，苗俊强发布的公告称，在此次临时股东会上通过了新的公司章程。《公司法》第四十三条规定，股东会会议作出修改公司章程、增加或者减少注册资本的决议，以及公司合并、分立、解散或者变更公司形式的决议，必须经代表2/3以上表决权的股东通过。

这一条对特定事项的表决程序作出规定，是法定事项表决的特别规定，必须经代表2/3以上表决权的股东通过，公司章程不得对此作出相反的规定。

也就是说，即使召集程序、表决程序等均合规合法，但是如果没有持股65%的郭珊的同意，至少修改公司章程的这一项决议是无效的。

以上即为此案例的四个维度的深入分析。虽然业界对于苗俊强能否取得控制权各有争议，但是从整体的判断来看，苗俊强想通过此次事件拿回控制权的可能性不大。

第四步
退出机制的设计

《三国演义》第一回："话说天下大势，分久必合，合久必分。"商场如战场，风云变幻，创业之路也往往不会按照预期走下去，合伙人的中途退出难以避免。为了保证创业的顺利推进，在创业初期就需要设计好合伙人的退出机制。

本章将对常见的投资退出方式做简单介绍，重点聚焦第二节创业公司的股权退出机制的设计。

第一节 七种常见的投资退出方式

"第二步 股权顶层设计"中提到了股权的融资逻辑：对于创业公司来说，最值钱的资产是公司的股权，创始人可以借助股权来融资，与资本绑定，用稀释部分股权的形式换取资本的投入，或引入先进的管理理念以改善企业治理结构等。

当然，任何资本都是以逐利为目的的，无论投资机构、投资基金、私募基金还是个人投资者，都追求高净值回报，所以到了某个成熟的节点，资本就会及时套现退出。

IPO退出、并购退出、新三板退出、股权转让退出、回购退出、借壳上市、清算退出等是投资者实现资本套现的几种常见的退出方式。七种常见的投资退出方式如图4-1所示。

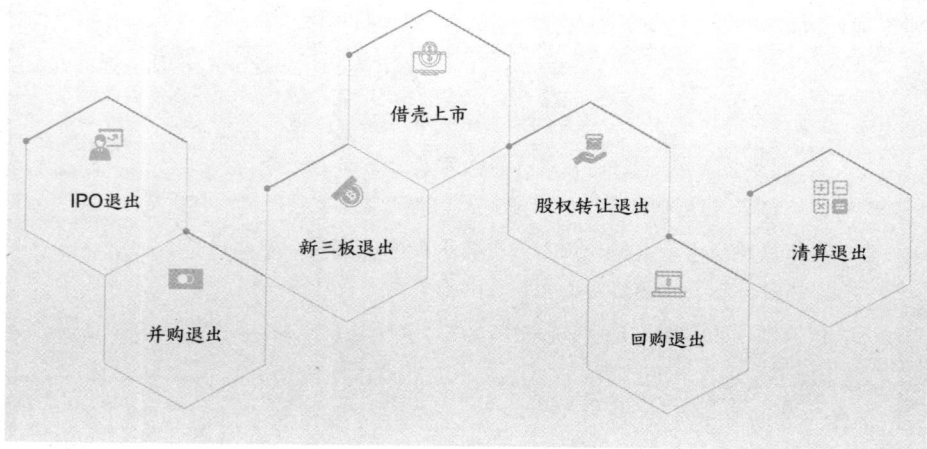

图4-1 七种常见的投资退出方式

// 第一种投资退出方式：IPO 退出 //

首次公开发行股票（Initial Public Offering，IPO），是指一家企业第一次将它的股份向公众出售，即上市。

IPO退出是指通过企业在证券市场挂牌上市使风险投资人实现增值和退出的方式，这是投资人首选的投资退出方式。

企业进行IPO，对于企业自身或投资人都是双赢的局面。对于企业来说，上市可以提升企业估值、募集资金、吸引投资者、提升流通性、获得创业收益等，同时企业的知名度以及员工认同感得以提升，企业制度得以完善，企业管理也会更加方便。对于投资人来说，IPO可以使他们获得非常高的投资回报，IPO退出也是他们的最佳的退出方式和投资成功的标志。

顺丰创始人王卫曾经说过：

> 上市无非是为了圈钱，上市后容易受外部环境的影响，所以，即使再缺钱顺丰也不会上市。

然而数年之后的2017年2月23日，顺丰借壳鼎泰新材在深交所敲钟上市。一直坚称"坚决不上市，娃哈哈不差钱"的娃哈哈集团创始人宗庆后也于2017年11月改口"在适当的时候娃哈哈也会考虑上市"。

万事万物有利必有弊。公开上市也有它自身的缺点。首先，推动企业的公开上市所需的时间周期相对比较长；其次，限制出售的条款，即只有在公开招股后的一定时期过后才能自由出售其所拥有的股份，大大限制了资本的流动性；此外，风险企业实现公开上市，要受自身发展情况和资本市场行情的影响，还需要支付昂贵的费用，需要达到的标准和过程也比较烦琐。

阿里巴巴集团创始人马云曾说过：

> 我如果能有第二次人生，我会让我的公司保持私有化。当你 IPO 后，人生变得艰难。

// 第二种投资退出方式：并购退出 //

并购退出是指通过其他第三方主动收购风险企业的方式使风险资本退出。

由于公司上市及股票升值需要一定的时间，或者投资人投资的企业难以达到 IPO 的标准，许多投资人就会采用并购的方式退出投资。

与 IPO 相比并购退出更高效、更灵活，不受 IPO 诸多条件的限制，并购退出程序更为简单，不确定因素小，可选择灵活多样的并购方式。

虽然并购的收益不及 IPO，但是投资资金能够很快地从投资的企业中退出，迅速实现资本循环，提高资本运作效率。

// 第三种投资退出方式：新三板退出 //

新三板全称"全国中小企业股份转让系统"，是我国多层次资本市场的一个重要组成部分，是继上海证券交易所、深圳证券交易所之后第三家全国性证券交易场所。新三板的转让方式有协议转让和做市转让两种。新三板退出是比较受欢迎的投资退出方式。

相对于其他退出方式，新三板退出主要有以下优点：

>> **其一**，新三板市场的市场化程度比较高且发展非常快；

>> **其二**，新三板市场的上市条件比主板市场宽松；

>> **其三**，新三板挂牌条件宽松，挂牌时间短，挂牌成本低；

>> **其四**，新三板的分层制度，可降低信息收集成本，提高投资分析效率，增强风险控制能力。

但是新三板市场的投资门槛较高、交易不灵活，投资人很难实现退出却一直饱受资本市场诟病。

// 第四种投资退出方式：借壳上市 //

借壳上市就是未上市的公司通过收购、资产转换等方式取得已上市公司的控制权，该公司就可以以上市公司增发股票的方式进行融资，从而实现间接上市的操作手段，属于变相的IPO退出。

相对于IPO而言，借壳上市公司的平均等待时间大大减少，最快半年内就能走完整个审批流程。

借壳上市的难点在于如何挑选理想的壳公司，如是否为夕阳行业，主营业务增长是否缓慢，是否亏损，股权结构是否明晰，以及是否存在负债、担保、税务纠纷等风险问题。2016年以来，国家监管政策日趋完善和"壳资源"价格的日益飙升也导致公司借壳上市日渐困难。

// 第五种投资退出方式：股权转让退出 //

　　股权转让退出是投资机构投资的重要退出途径，是通过股权转让的方式使风险资本退出。股权转让是指投资机构依法将自己的股权有偿转让给他人，使第三方成为公司股东的民事法律行为，是套现退出的一种方式。有数据显示，通过股权转让退出给私募股权基金带来的收益约为3.5倍，仅次于IPO退出。

　　这类交易模式比较适合企业所在行业处于朝阳时期，企业成长性较好且具有一定盈利规模，因IPO受限，尚未满足上市条件，但准备撤资的情况。

　　在股权转让时，复杂的内部决策过程和烦琐的法律程序是影响股权转让成功的关键因素。

通过股权转让退出给私募股权基金带来的收益约为**3.5**倍，仅次于**IPO**退出

// 第六种投资退出方式：回购退出 //

　　回购退出是指通过企业管理层或股东购回投资人手中的股权，使风险资本退出。回购退出方式属于并购退出的一种，只不过收购的行为人是企业的内部人员。

　　对于企业而言，回购退出可以保持企业的独立性和控制权的稳定性，同时交易复杂性较低，成本也较低，只是对资金要求较高。对于投资机构而言，虽然投资回报率低，但胜在稳定。

// 第七种投资退出方式：清算退出 //

如果是选择清算方式退出的，说明风险投资失败，这是投资人最不愿意看到的退出方式。

对于投资机构来说，一旦所投资的企业经营失败，会尽早选择清算退出，最大限度收回残留资本。清算退出虽然是迫不得已，却是避免投资机构深陷泥潭的最佳选择。

第二节 创业公司的股权退出机制

对于创业公司来说，可以对第一节的七种投资退出方式做简单了解，本节的焦点是设计创业公司的股权退出机制，以应对合伙人退出而带来的经营风险。

合伙人如果离开创业团队就涉及股权的退出机制。如果不设定科学合理的股权退出机制，创业公司将无法适应频繁发生人员更迭的情况，严重的会引发股权纠纷，影响控制权的稳定，或因此错失良好的发展机遇。

为此，有关创业公司的股权退出机制，本节提供了七个建议，如图4-2所示。

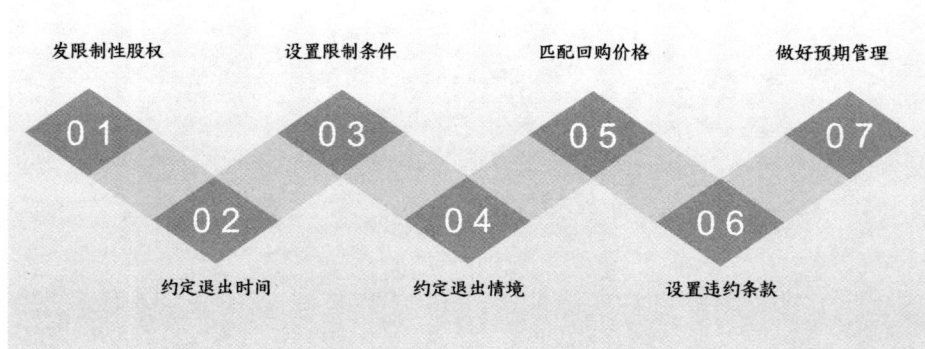

发限制性股权　设置限制条件　匹配回购价格　做好预期管理

01　　03　　05　　07

02　　04　　06

约定退出时间　约定退出情境　设置违约条款

图4-2　创业公司股权退出机制的七个建议

// 第一个建议：发限制性股权 //

限制性股权是指合伙人拿到的股权是有限制条件的，比如分期成熟限制、兑现条件限制等，但是如果公司章程无特殊规定，持有限制性股权的股东，其分红权、表决权和知情权等股东权利与持有非限制性股权的股东是一样的。

限制性股权和股权的区别类似于经济适用住房和商品房的区别，《经济适用住房管理办法》规定了经济适用住房购房人拥有的是有限产权，规定了上市交易的年限和优先回购条款，而商品房就没有此类限制。

─────────────────────── 《经济适用房住房管理办法》

第三十条　经济适用住房购房人拥有有限　第五章　准入和退出管理
产权。

购买经济适用住房不满5年，不得直接上市交易，购房人因特殊原因确需转让经济适用住房的，由政府按照原价格并考虑折旧和物价水平等因素进行回购。

购买经济适用住房满5年，购房人上市转让经济适用住房的，应按照届时同地段普通商品住房与经济适用住房差价的一定比例向政府交纳土地收益等相关价款，具体交纳比例由市、县人民政府确定，政府可优先回购；购房人也可以按照政府所定的标准向政府交纳土地收益等相关价款后，取得完全产权。

上述规定应在经济适用住房购买合同中予以载明，并明确相关违约责任。

// 第二个建议：约定退出时间 //

在创业初期，公司的各种基础条件薄弱、发展趋势不稳定，建议限制合伙人的退出，以防止对公司的发展带来不利影响。

可以约定股东在初创期内（如3年内）不能退股。如果遇到不可抗力或其他可理解的原因退出，建议按比例进行稳步退股，比如：

第一年 只能退还50%的股权 >> **第二年** 只能退还70%的股权 >> **第三年** 可以全部退出

// 第三个建议：设置限制条件 //

为避免合伙人中途退出影响企业的现金流，可约定合伙人在企业发展面临困难和挑战的时候不能退股；或是在企业关键节点（如区域扩张、融资考核阶段等）不能退股，以免对企业正常经营或融资带来不利影响。

// 第四个建议：约定退出情境 //

退出主要分为过错退出和无过错退出。

过错退出又称除名退出，通常是因为发生了过错行为而导致的退出，如未满规定年限主动辞职的、严重违反保密或竞业禁止协议的约定、严重违反劳动合同的约定导致公司解除劳动合同的、触犯刑法导致受到刑事处罚的、未履行劳动合同或未履行承诺的服务或贡献的、其他造成公司重大损失的行为等事项。

无过错退出又分为当然退出和期满退出。当然退出是指因为不可抗力而导致的退出，如股东丧失劳动能力、死亡、被宣告死亡或被宣告失踪、达到法定或公司规定的退休年龄以及其他不可抗力等。期满退出是指股东在公司持股超过一定期限后当然退出或退休的。

// 第五个建议：匹配回购价格 //

有些公司在创业初期时约定，如果合伙人离职，则按照协商的价格回购股权，这就为日后的股权纠纷留下了隐患：什么样的回购价格合适？在不同的退出时间，每个人心里的回购价格都不相同。所以约定股权退出机制的关键是要约定股权回购价格。

根据退出原因不同，回购可分为两种：强制回购和一般回购。

强制回购适用于过错退出，股东在违约的情况下通常给公司带来了重大的损失，公司因此启动强制回购机制，将股权收回。强制回购的处理方式通常为折价回购，也可以采用法律允许的最低价格（零对价/1元人民币）回购违约股东的所有股权（不论成熟与否）。

一般回购适用于无过错退出，指经过友好协商后公司同意股东退出，并且原有股东愿意回购该股东的股权，回购价格以溢价回购和平价回购为主。针对无过错退出，这里提供几种常见的回购价格设定办法。

第一种，参照原来购买价格来溢价回购。例如，合伙人出资10万元获得了公司10%的股权，如果公司的经营业绩良好，实现了盈利，该合伙人无过错退出时，一般采用溢价回购，比如溢价10%。

第二种，参照公司净资产来设定。假如注册资本为一百万元的公司在第四年的时候资产已经超过亿元，此时如果按照合伙人原来购买价格的溢价，那么对于该合伙人来说是不公平的。所以，从公平合理的角度考虑，应设定与公司发展和合伙人贡献相匹配的溢价。

第三种，参照公司最近一轮融资估值的折扣价，比如估值的10%～20%来设定。估值回购之所以要打折扣，是基于以下几个考虑：

- 从资本运作的角度出发，资本是对公司的未来的投资，5000万元、10亿元的估值是对公司内在价值的认可，但是这个估值是可变的估计值，并不是精确值。
- 从公司现金流角度出发，如果完全按照公司的估值来回购，公司或回购股东的现金流压力会较大。
- 从团队稳定性角度出发，合伙人应与公司共同成长与发展，如无特殊情况，不希望有合伙人中途退出。

第四种，对于无过错退出的未成熟部分股权，按照获得时对应股权的出资额返还，或对应出资额按照银行利率的一个倍数进行补偿（可考虑控制在3倍以内）。

这里需要注意的一点是，在股东协议里，一般退出机制和回购价格是在一起约定的，即协议内约定什么样的退出方式适用于哪一种回购价格。

// 第六个建议：设置违约条款 //

为了防止合伙人退出却不同意公司回购股权，可以在股东协议中设定高额的违约金条款，提高违约成本。

同时，为避免商业机密的泄露，可以约定退出股东在1~2年内不得从业于与公司有竞争关系的公司，包括不得自行创建与公司业务范围相同的企业，否则需要赔偿高额违约金。其他违约条款可根据企业具体情况进行补充。

// 第七个建议：做好预期管理 //

第七个建议是要做好合伙人的预期管理。首先，需要在创业理念上达成共识，即创业是基于创业团队的长期贡献、风险共担与共创，而最终实现成功后的利益共享，要做好长期奋斗的准备，而非着眼于短期收益；其次，在合伙创业之初就约定好退出机制，如上文提到的什么时间可以退出、是否有条件限制、不同的退出情境匹配的回购价格如何、如果违约有什么惩罚措施等。

最后，所有合伙人要使用同一套标准，游戏规则值得所有人尊重。

案例

7

创始人的出局之痛

一、金融搜索产品起家

L品牌的三位创始人陈爽、罗皓、张邦国为××大学的校友，某年年底，罗皓在一次校友会上认识陈爽，交流了创业想法，当时想做个金融领域的搜索产品，双方都很感兴趣，于是陈爽给罗皓引荐了做搜索的张邦国。

次年年中，罗皓接到第一单业务后，陈爽和张邦国才真正辞职创业，负责产品设计。陈爽、罗皓、张邦国共同注册M公司，初期的股权架构是4∶3∶3。

由于资金不足，三人邀请天津的史太林注资10万元，并给他6%的股权，此时陈爽、罗皓、张邦国、史太林四人的股权比例为37.6%、28.2%、28.2%、6%，如图4-3所示。

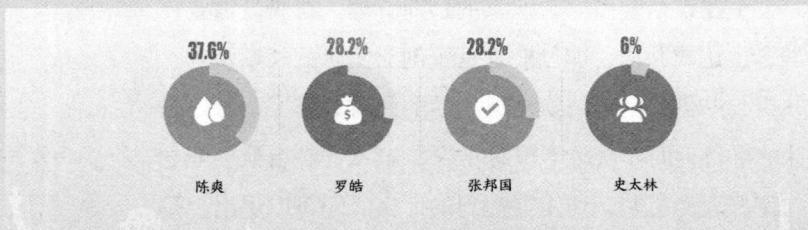

37.6%	28.2%	28.2%	6%
陈爽	罗皓	张邦国	史太林

图4-3　M公司创业初期股权架构

由于IT业务不顺，他们开始寻找新的方向，决定做"L品牌餐饮"，刚开始做L品牌餐饮时仍在M公司名下运作。

二、L品牌餐饮走红

L品牌餐饮开业前准备了半年，第一家店选址在北京某商业区的一个小亭子。

L品牌正式开业当天，到中午就卖出了约500份，几乎卖脱销了。

三、股权纷争

L品牌开业一周就有投资机构给出4000万元的估值，引发了业界的关注。

在第三年，L品牌团队开始与投资人商讨有关投资的细节。陈爽提出为了公司之后在海外的发展，希望组建VIE结构，他的投票权是其他创始人的3倍。

之后整整一个月，他们都在争论3倍投票权的问题，最终，高威仁、张邦国做了让步，表示给予陈爽2.5倍投票权是可以接受的。但是罗皓表示，如果投资人同意增加陈爽的投票权的同时保证自己的股权不变，他就同意，而其他合伙人担心此举影响投资的推进，争议一直没有进展。

之后，陈爽、罗皓、张邦国、高威仁四人与投资机构R投资公司、S投资公司共同投资成立新的餐饮公司：N公司，陈爽、罗皓、张邦国、高威仁、R投资公司、S投资公司的股权比例为：1.7%、1.275%、1.275%、0.75%、47.5%、47.5%，如图4-4所示。

价值观的差异以及合伙人之间长期积压的不和，最终在第三年中爆发，经股东会决议，罗皓被迫离开公司经营管理层。

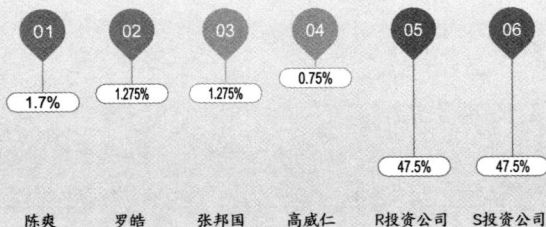

图4-4　N公司股权架构

　　对于罗皓的股权，陈爽、高威仁、张邦国三人给出的方案是，27万元加2%的股权，买回罗皓手中占有的公司30%的股权。[①]

　　罗皓最终迫于无奈在6月中旬离开L品牌，并于当年注册P公司，创立新L品牌餐饮，曾开了4家店，并拿到了T基金的投资（目前已关闭）。

　　陈爽也在当年另外注册了Q公司，陈爽持股45%，并引入了两家投资公司。

四、结束语

　　从合伙人选择的角度来看，他们之间存在的问题有信任基础薄弱、对各方能力缺乏了解、未能实现优势互补、最重要的价值观愿景及创业格局不一致等。

　　从股权分配的角度来说，从科技公司到餐饮企业，公司的商业模式发生变化后，公司业务的商业要素、人员角色都会发生改变，而团队并未根据关

────────────

① 注：当时罗皓在M公司的持股比例为28.2%，在新成立的N公司经过一轮股权转让后，其持股比例约为2%。

键要素的不同而重新设计合理的股权架构，导致了较大的分歧。

　　从股权退出机制来看，因为在创业初期没有设定明确的股权退出机制，如果罗皓是当然退出，按照当时L品牌4000万元的估值，即使回购价格按估值的10%计算，罗皓手里的股权差不多价值120万元；然而，股东投票的最终结果却是27万元加2%的股权，买回罗皓手中占有的公司30%的股权，衡量的标准却是罗皓之前的公司工资的4倍，这种股权退出方式以及回购的价格颇有争议。

　　合伙人初期的选择、股权分配、股权退出机制的设计、管理理念的冲突等种种因素的叠加，最终导致了创始人罗皓的出局。

第五步
利润分配机制的设计

天下熙熙皆为利来，天下攘攘皆为利往。由于利润分配涉及各方的利益，一方多得利益必将减少其他方的利益，所以利润分配对公司而言是很棘手的决策。

利润分配是将企业实现的净利润，按照国家财务制度规定的分配形式和分配顺序，在国家、企业和投资者之间进行的分配。

利润分配的过程与结果，是关系到所有者的合法权益能否得到保护，企业能否长期、稳定发展的重要问题，为此，企业必须加强利润分配的管理和核算。

第一节 企业利润分配的顺序

众所周知，股东具有分红权，即因股东资格而享有请求公司向自己分配股利的权利，是一种自益权（指股东专为自己的利益而行使的权利）。分红是利润分配的一种形式，国家有关法律、法规对企业利润分配的基本原则、分配顺序和分配比例作出了较为明确的规定，所以分红的实现需要满足利润分配的相关规定。

根据《公司法》和《中华人民共和国企业所得税法》（以下简称《企业所得税法》）、《企业财务通则》等相关法律的规定，公司的税后利润应当在弥补以前年度公司的亏损、缴纳所得税、弥补仍然存在的亏损、提取法定公积金、提取任意公积金之后，才可以向股东支付股利/分配利润，具体的企业利润分配的顺序如图5-1所示。

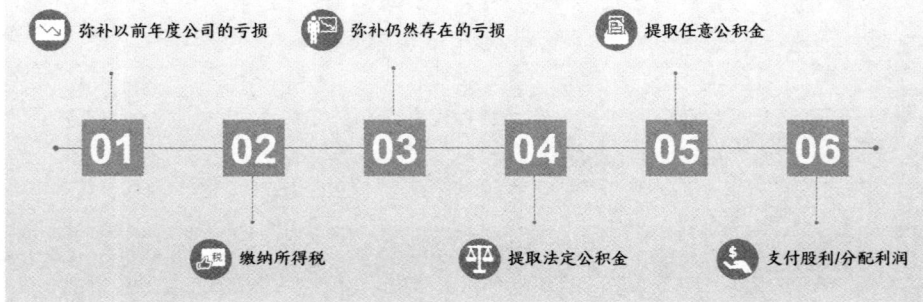

图5-1 企业利润分配的顺序

弥补以前年度公司的亏损　弥补仍然存在的亏损　提取任意公积金

01　02　03　04　05　06

缴纳所得税　提取法定公积金　支付股利/分配利润

// 第一件事：弥补以前年度的亏损 //

《中华人民共和国企业所得税法》

第二章　应纳税所得额

第十八条　企业纳税年度发生的亏损，准予向以后年度结转，用以后年度的所得弥补，但结转年限最长不得超过五年。

这里的亏损是指企业依照《企业所得税法》和实施条例的规定，将每一纳税年度的收入总额减除不征税收入、免税收入和各项扣除后小于零的数额。常见的亏损有计划性亏损（亦称政策性亏损）和经营性亏损两种。

我国企业是独立核算、自主经营的经济主体，当企业发生经营性亏损时，要求亏损企业改善经营管理，待企业扭亏为盈后，以获得的利润来弥补亏损。

// 第二件事：缴纳所得税 //

公司应按照《企业所得税法》规定缴纳企业所得税，公司缴纳税款后剩余的利润称为税后利润，也称净利润，这部分才属于分配利润。

《中华人民共和国企业所得税法》

第二章　应纳税所得额

第五条　企业每一纳税年度的收入总额，减除不征税收入、免税收入、各项扣除以及允许弥补的以前年度亏损后的余额，为应纳税所得额。

// 第三件事：弥补仍然存在的亏损 //

——————————————————————— 《企业财务通则》

第四十九条　企业发生的年度经营亏损，依照税法 **第六章　收益分配**
的规定弥补。税法规定年限内的税前利润不足弥补的，

用以后年度的税后利润弥补，或者经投资者审议后用盈余公积弥补。

《企业财务通则》规定：企业发生的年度经营亏损，依照税法的规定弥补。
税法规定年限内的税前利润不足弥补的，用以后年度的税后利润弥补，或者经
投资者审议后用盈余公积弥补。而前文提到的《企业所得税法》规定：企业纳
税年度发生的亏损，准予向以后年度结转，用以后年度的所得弥补，但结转年
限最长不得超过五年。

即税前弥补和税后弥补以五年为界限：亏损延续未超过五年的，用税前利
润弥补，弥补亏损后有剩余的，才缴纳所得税；延续期限超过五年的，只能用
税后利润弥补。

// 第四件事：提取法定公积金 //

——————————————————————— 《中华人民共和国公司法》

（节选自第一百六十六条）公司分配当年税 **第八章　公司财务、会计**
后利润时，应当提取利润的百分之十列入公司法

定公积金。公司法定公积金累计额为公司注册资本的百分之五十以上的，可以
不再提取。

公司的法定公积金不足以弥补以前年度亏损的，在依照前款规定提取法定公积金之前，应当先用当年利润弥补亏损。

公司当年的税后利润在弥补亏损后，如果仍有盈余，按照《公司法》第一百六十六条的规定，应当提取10％列入法定公积金，公司的法定公积金累积金额达到公司注册资本的50％后，可以不再提取。公司不得削减法定公积金的提取比例。

// 第五件事：提取任意公积金 //

公司可以根据公司的实际情况，在提取了法定公积金后，由股东会或者股东大会决议另外再从税后利润中提取一定的公积金。此部分的公积金是公司自行决定提取的，不是法律强制要求的，被称为任意公积金。公司自行决定提取多少任意公积金。

《中华人民共和国公司法》
第八章 公司财务、会计

（节选自第一百六十六条） 公司从税后利润中提取法定公积金后，经股东会或者股东大会决议，还可以从税后利润中提取任意公积金。

// 第六件事：支付股利／分配利润 //

公司税后利润在进行以上分配后，如仍有盈余，可以按确定的利润分配方案向公司的普通股股东支付股利。

有限责任公司，除全体股东另有约定的外，按照股东实际缴纳的出资比例分取红利；股份有限公司，除公司章程另有规定的外，按照股东持有的股份比例分配。公司持有的本公司的股份不得分配股利。

由于《公司法》允许有限责任公司的出资比例与表决权比例不一致，允许其出资比例与分红比例不一致，给有限责任公司的控制权设计提供了很大的空间。《公司法》中对于分红权的表决比例有如下规定。

《中华人民共和国公司法》

第二章　有限责任公司的设立和组织机构

第三十四条　股东按照实缴的出资比例分取红利；公司新增资本时，股东有权优先按照实缴的出资比例认缴出资。但是，全体股东约定不按照出资比例分取红利或者不按照出资比例优先认缴出资的除外。

也就是说，公司默认按照实缴的出资比例分红，如果公司不按照出资比例分红，则需要经过全体股东同意，只有67%或51%表决权的股东同意则不符合该条规定。

另外，如果公司的股东会、股东大会或者董事会违反《公司法》的规定，在公司弥补亏损和提取法定公积金之前向股东分配利润的，股东必须将违反规定分配的利润退还公司。

创业公司在进行利润分配的时候需要考虑法律规定、企业现金流情况及企业长远发展考量等影响因素，如图5-2所示。

图5-2 创业公司利润分配的影响因素

// 第一个影响因素：法律规定 //

为了规范企业的收益分配行为，维护各利益相关者的合法权益，国家制定和颁布了若干法律法规，依法分配是利润分配的基本原则。企业的财务制度必须在不违背有关法律规定的前提下，对企业的利润分配原则、方法、决策程序等内容作出具体而明确的规定。

// 第二个影响因素：企业现金流情况 //

现金流就是企业的生命之流与经营之源，现实中因现金流断裂而垮掉的企业数不胜数。从某种程度上来说，保障现金流的充足，才可以实现企业的可持续发展。

所以企业在分配利润时务必考虑当前的现金流状况。一方面需要衡量企业是否具备现金支付能力，如有些企业在发展中购置了实物资产导致账面利润很高，然而现金却十分拮据；另一方面也要考虑企业是否会因为分红而陷入现金流危机，影响企业的发展。

// 第三个影响因素：企业长远发展考量 //

企业处于快速发展阶段且具备开疆拓土的机会时，需要大量的资金支撑，这时企业可以考虑减少或不予利润分配，将更多的资金用于规模扩张，待扩张完成、收益更丰时再给股东以更加满意的回报。当企业进入稳定发展阶段，暂无进一步的发展计划时，可考虑分配较多的利润以回报股东。

利润分配在企业内部属于重大事项，在制定利润分配方案时务必注意三个要点：利润分配管理机构、方案制定依据和分红计算方法。

// 第一个要点：利润管理机构 //

按照《公司法》的规定，董事会对股东会负责，行使制定公司的利润分配方案和弥补亏损方案的职权；股东会对公司的利润分配方案和弥补亏损方案进行审议批准。

《中华人民共和国公司法》

第二章 有限责任公司的设立和组织机构

第三十四条 股东按照实缴的出资比例分取红利；公司新增资本时，股东有权优先按照实缴的出资比例认缴出资。但是，全体股东约定不按照出资比例分取红利或者不按照出资比例优先认缴出资的除外。

根据上述规定可知，有限责任公司股东可按照实缴出资比例分红，也可按照股东会决议的其他方案分红，最终以股东会决议确定的分红方案为主。

// 第二个要点：方案制定依据 //

虽然董事会负责具体利润分配方案的制定，但方案需要依托于利润分配管理制度，并以此为依据来制定具体的分配方案。

企业利润分配管理制度应包含制定依据、利润分配基本原则、名词解释、管理机构、分配顺序、公积金的使用、决策程序等内容。

// 第三个要点：分红计算方法 //

以一个具体的例子来分析：A企业本年税后净利润1000万元，公司董事会决定按8%的比例提取任意公积金，并经股东会批准后，将未分配利润由所有者权益转为负债。最终，公司股东会批准向股东分配现金股利300万元。其年底分红计算方法如下（以下所有单位为"万元"）：

>> **法定公积金** =1000×10%=100；　　>> **任意公积金** =1000×8%=80；

>> **可分配利润** =1000-100-80=820。

但是由于公司股东会批准向股东分配现金股利为300万元，因此，可分配年底分红为300万元。

利润分配作为激励手段之一，能有效地提高创业团队以及核心人才对公司发展的信心和工作的积极性，在创业过程中必不可少，但是需要谨记的是，必须按照法律规定顺序分配，且需要提前在公司章程或股东协议中约定好利润分配机制及分配比例。

创始人的牢狱之灾

案例 8

某年，在港交所上市近10年的U企业的品牌价值达到326.95亿元。很难想象这样的一家企业，创始人樊鹏程却被三次赶出自己一手创办的公司，两次回归，最终却落得银铛入狱的结局。樊鹏程的U企业之路如图5-3所示。

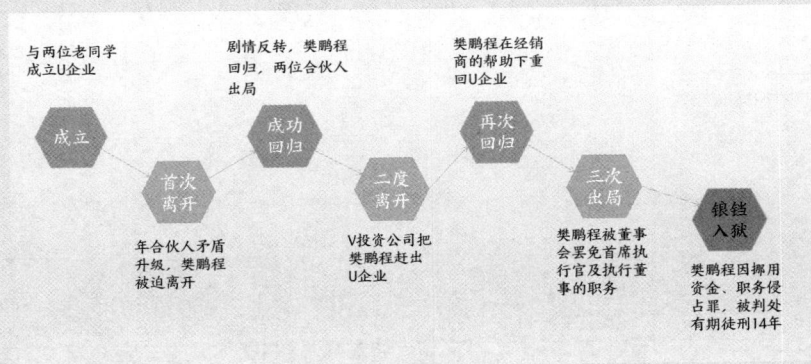

成立
与两位老同学成立U企业

首次离开
年合伙人矛盾升级，樊鹏程被迫离开

成功回归
剧情反转，樊鹏程回归，两位合伙人出局

二度离开
V投资公司把樊鹏程赶出U企业

再次回归
樊鹏程在经销商的帮助下重回U企业

三次出局
樊鹏程被董事会罢免首席执行官及执行董事的职务

银铛入狱
樊鹏程因挪用资金、职务侵占罪，被判处有期徒刑14年

图5-3 樊鹏程的U企业之路

一、同学合伙创业，U企业从无到有

和很多创业公司的故事一样，U企业的三位合伙人樊鹏程、朱弘胜、秦帅是高中同学。

若干年前，樊鹏程与两位老同学出资100万元在Q市成立了U企业，樊鹏程出资45万元，两位老同学各出资27.5万元。

从股权结构来看，樊鹏程占比45%，是单一的大股东，两位老同学分别占比27.5%，是两个小股东，而相对两位老同学的合计持股的话，樊鹏程又是小股东。创业伊始，股权结构设计就为以后留下了控制权隐患。

三人分工比较明确，樊鹏程擅长工厂管理，朱弘胜一直做市场营销，秦帅负责有关财务和行政的事情。三人既有合作又有相互制约，优势互补之下借助于行业的高速发展，U企业成立的第一年，销售额就达到了3000万元。

二、分红引发分歧，樊鹏程首次出局

公司成立四年后，三人之间逐渐产生了分歧，核心问题就在于资金该怎么用。樊鹏程主张扩张，想留更多的资金给公司经营，而朱弘胜和秦帅希望分红。

最终朱弘胜和秦帅决定联合起来，以55%的表决权宣布，公司每月分红是董事会的正式决定。同时，公司于当年年底进行了股权调整，三人的股权被均分成了33.3%。

但是在业绩层面，U企业非常成功，同年，U企业的销售额超过了1亿元，三年后的销售额已经超过7亿元，增长速度非常快。

然而，矛盾不会因为业绩的高速增长就遁于无形。几年后，合伙人纠纷进一步升级，樊鹏程被迫离开，按2.4亿元的估值，他从U企业拿走8000万元，而股权归其他两位股东所有。

三、经销商出奇制胜，樊鹏程成功回归

因为樊鹏程的退出，从全国各地赶来的U企业经销商齐聚U企业总部，强势介入了U企业的股东分家事件，经过五个多小时的协商，最终两百多名

经销商举手表决，全票通过樊鹏程留下。

樊鹏程和两位合伙人谈判，结果是朱弘胜和秦帅各自拿8000万元离开U企业，樊鹏程获得了100%的控制权。

四、不熟悉资本规则，樊鹏程二度被驱逐

但是付清这笔钱之后，U企业的资金链也变得极其脆弱。近一年的时间，樊鹏程把全部精力放在了融资上。之后，V投资公司正式决定投资U企业2200万美元，买入U企业35.71%的股份。随着投资到账，U企业的资金问题解决了，回归正轨，开始了稳健的扩张之路。

在经历了一次企业收购后，W投资公司向U企业投入3655万美元买入了9.39%的股份，但不熟悉资本规则的樊鹏程没有想到，拥有反稀释条款的V投资公司果断跟进，追加了1000万美元，把自己的持股比例保持在了36.05%，成了公司的第一大股东，而樊鹏程没有资金继续跟进，所以股份遭到了进一步的稀释，下降到了31.4%，成为第二大股东，W投资公司成为第三大股东。

某年，U企业登录某交易所，募集十几亿元。仅按照IPO价格结算，V投资公司的回报超过了5倍。

次年，U企业引入X公司作为战略性股东，V投资公司、W投资公司联合樊鹏程等六大股东向X公司转让2.88亿股股票，X公司出资十几亿元，占股9.22%，成为U企业的第三大股东。此时第一大股东V投资公司持股在18%左右，而樊鹏程个人持股大概是15%。

两年后，由于意见不合，经股东会议决定，罢免了樊鹏程，由邓华接替樊鹏程出任董事长。

五、经销商又一次绝地反击，樊鹏程再次回归

上市这一年，由U企业经销商带领的罢工正式开始。一个月后U企业的核心供应商停止向U企业供货，内部多名高管辞职。

次年，U企业发布公告，称公司创始人现任CEO樊鹏程已于近期举行的股东大会上当选执行董事。这意味着，历经一年之后，樊鹏程正式重返U企业董事会。

为了对抗大股东，此次樊鹏程引入了郎春阳控股的Y公司，收购了U企业20.08%的股权，Y公司成为U企业的第一大股东，V投资公司和X公司持股比例为18.18%和9.21%，分别为第二、第三大股东，樊鹏程仍持有6.79%的股权。同时，樊鹏程向Y公司认购1.3亿元定增股份，成为Y公司股东。上市一年后，樊鹏程被U企业股东推举为执行董事。

六、昔日战友决裂，樊鹏程第三次出局

好景不长，在各方利益的争夺下，U企业危机再现。

上市两年后，U企业发布公告，称董事会已通过罢免樊鹏程的CEO职务的决议，并将召开临时股东大会，罢免樊鹏程的执行董事职务，U企业董事长郎春阳担任U企业的CEO。

对于樊鹏程被罢免的原因，Y公司方面称，樊鹏程通过旗下3家公司在销售端转移大量利润，并绕过董事会对外签署了U企业品牌20年的使用授权，而且樊鹏程本人还赌博成瘾，欠下巨额赌债。

七、创始人的悲哀，从一手创办到一无所有

又过了两年，U 企业的创始人樊鹏程被 Q 市中级人民法院作出一审判决，以挪用资金、职务侵占罪，判处有期徒刑 14 年。

兵败如山倒，随着创始人樊鹏程的锒铛入狱，江山易主，U 企业的控制权之争也落下帷幕。

股权激励计划的设计

彼得·德鲁克曾经说过：组织的目的，是使平凡的人作出不平凡的事。让员工成为企业经营者、具备主人翁意识、以"利益共享"和"风险共担"为基础实现共赢的股权激励就拥有这样的特质。

股权激励的历史可以追溯到明清时期，当时的晋商就有身股和银股的激励方式，大家熟悉的一部热播电视连续剧——《乔家大院》，剧中就有身股和银股的说法。

身股是指出资人有条件赠予部分员工的股权。身股拥有一般股权的分红权，但不具有继承、转让和表决权，因此有时也被称为"分红股"。身股并非"一劳永逸"，如果顶上身股后发生了重大过失，还可酌情扣除身股，直至开除。

银股是指出资者拥有的股权。银股不仅拥有分红权，还拥有相应的转让、继承和表决权。

《乔家大院》有这样一个故事：晋商乔致庸有一名伙计叫马荀，他能力出众，钱庄80%的生意都是经他手办理的，是店里的业务精英。

但优秀的人才往往留不住，马荀提出了辞职。乔致庸非常不解。他跟师爷说，能干的伙计都想着离开，相反那些掌柜的没有一个提出要走的。

师爷说：掌柜的有身股，年底有分红；伙计们没有身股，干着没有动力，所以优秀的伙计希望能到别人的店里当个二掌柜或者三掌柜，到时就可以拿到年底的分红，总比在这里当伙计要强。

乔致庸恍然大悟，率先在自己的店里提出顶身股制度。凡是店里的伙计、学徒出师工作满一定的年份，就可以在店里顶一份身股，可以和东家以及掌柜的一样享受分红。

制度出台后，马荀找到乔致庸索回辞职信，说什么也不愿意辞职了，马荀跟乔老板说了一句能代表全体伙计心声的话："东家您就让我留下吧，我保证以后好好给您跑街，说实话我现在不仅是为您干，也是为我自家干。"

《旧唐书》有云："财聚人散，财散人聚"，股权激励亦然。创业前期，公司通常会预留一部分股权来吸引核心人才的加盟，减少新老团队的磨合问题；创业公司发展到一定阶段，为了留住核心员工，减少企业人才流失，除了工资、福利、奖金等短期、直接性奖励，最直接有效的就是采用"股权激励"的方式绑定企业与激励对象的长期共同利益。

业界通常采用九定法则来进行创业公司股权激励设计，如图6-1所示。

图6-1 创业公司股权激励计划的九定法则

第一节 定股权激励对象

定股权激励对象的本质就是确定谁可以获得股权激励的资格。股权激励对象主要有以下两种。

// 第一种股权激励对象：外部核心人才 //

公司根据自身发展实际情况及未来业务需要，拟从外部引入与原股东志同道合、对企业的发展能有所帮助，并符合公司章程规定或经董事会批准的人才。

如从外部引入，可设置一些股权激励的基础条件。比如专业技能与现有股东互补而不重叠；需要经过2/3以上（或全体）股东认同等。具体的资格条件需要适配创业公司的现状对于人才的能力的需求，不能盲目引入对公司发展毫无助力的人员。

// 第二种股权激励对象：内部核心员工 //

为留住公司内部核心员工，公司可设置以下标准作为股权激励的资格条件：岗位的重要性、是否具有特殊技能、招聘难易程度、历史贡献价值、业绩突出表现等。

当然，对于内部核心员工的激励，也需要考虑员工当下的需求，股权激励并非最好的方式。《创业36条军规》一书提道：

对于一些普通员工而言，你允诺的1万股期权可能不如加薪20%对他们的吸引力大。

> 蓝色光标的吴铁有一个理念，他认为能够用一次分配激励的不要用二次分配激励，能够用工资奖金激励的不要用期权股权激励。

第二节 定股权激励模式

常见的股权激励模式有实股、虚拟股权和期权三种。

// 第一种股权激励模式：实股 //

实股是指依照《公司法》可以取得股东资格的股权，是实实在在的股权。实股不因劳动关系解除而丧失股东权利，当然，也可以事先约定劳动关系终止后的处理方式。

实股主要有直接授予、限制性股权两种形式。

直接授予是指直接或间接登记为公司股东，不加限制性条件，可以理解为对前期工作良好表现的一种奖励。限制性股权是指先授予激励对象一定数量的股权，但附有考核条件，一般分期进行考核，如达到约定条件的，可以解禁股权，如未达到约定条件的，公司向激励对象回购已授予的股权并办理注销手续，回购价格为授予价格。

限制性股权一般会规定必须服务的年限或业绩目标，所以它可以用于留住核心人才，也可以激励核心人才将更多的时间和精力投入某个或某些长期战略目标中，且可操作性强，所以更适合用于激励公司的联合创始人和合伙人。

// 第二种股权激励模式：虚拟股权 //

虚拟股权不取得实质股权，但享有分红权和增值权，有以下几个特点。

第一，股权形式的虚拟化。虚拟股权不同于实股。公司为了激励核心员工，在公司内部无偿地派发一定数量的虚拟股权。虚拟股权持有者可以按照虚拟股权的数量，按比例享受公司的分红。

第二，股东权益的不完整性。虚拟股权的持有者只能享受分红权和增值权，而不能享受其他股东权益（如表决权、分配权等），所以虚拟股权的持有者会更多地关注公司经营状况及利润情况。

第三，与购买实股不同，虚拟股权由公司无偿赠送或以奖励的方式发放给核心员工，一般不需要员工出资。

作为股权激励的一种方式，虚拟股权激励既可以看作物质激励，也可以看作精神激励，在不影响公司股权架构的基础上，既能激发员工的积极性，也能用于换取对公司发展有利的各种资源，且操作简单，收放自如（股权的发放和回收无须任何工商手续的办理，只需要在合同中明确约定时间或者条件节点，一经满足即可生效；自员工提交离职申请之日或其他的条件节点即由公司收回）。

虚拟股权看似优势众多，然而因其权利的不完整性，如果公司没有足够的分红支撑，其几乎没有吸引力；反过来，公司的净利润一定，被虚拟股权分红占去一部分，股东和投资者能分到的相对就少了，且如果分红，也会对公司的现金流造成一定的压力。因此虚拟股权激励模式更适合现金流比较充裕的公司。

// 第三种股权激励模式：期权 //

在本书"第二步 股权顶层设计"中，我们提到了预留一定比例的团队激励股权，这部分股权其实就是为引入新股东或者激励核心人才设立的，一般以期权的形式呈现。

期权是指公司授予激励对象的一种权利，激励对象可以在规定的时间内（行权期），选择是否以事先确定的价格（行权价格）购买一定数量的公司股权。激励对象可根据公司发展情况及个人意愿决定是否行权。

激励对象在期权计划中有更高的灵活性和自主选择权。由于在授予期权时，激励对象并未缴纳出资款，因此对激励对象而言没有风险，有长期激励的效果。且因期权需要达到一定时间或条件的时候实现，激励对象必然尽力促使条件达成（如业绩提升20%），为企业的发展作出贡献。

期权在欧美地区被认为是驱动创业公司发展的关键要素之一，是创业公司实施股权激励计划时普遍采用的形式。

三种股权激励模式对比

三种股权激励模式的总结对比表如表6-1所示。在创业初期，公司对核心人才的激励，建议优先选用期权模式。

表6-1 三种股权激励模式的总结对比表

激励模式	含义	表现形式	权利	特点	股权结构影响	适用范围
实股	股权持有者对公司的所有权，包括参加股东大会、投票表决、参与公司的重大决策、收取股息或分取红利等综合性权利	• 工商登记股东 • 原始股 • 限制性股权	• 分红权 • 增值权 • 所有权	• 长期激励性突出 • 归属感、约束感最强 • 一般需要出资购买 • 退出复杂	高	联合创始人、合伙人
虚拟股权	名义上享有股权而实际上没有表决权和剩余分配权，仅享有分红权以及部门门槛收益	• 分红 • 干股	• 分红权 • 增值权	• 短期激励性突出 • 设置灵活、约束感较弱 • 分红意愿强，对现金流影响大 • 无须出资 • 退出简单	无	现金流充裕的企业
期权	公司授予激励对象的一种可以在规定的时期内，以事先约定的价格购买一定数量的本公司股票，行权有时间和数量上的限制	• 期权 • 期股 • 业绩股票	• 期权：增值权 • 期股：分红权+增值权	• 长期激励性突出 • 设置灵活、约束感强 • 便于考核管理 • 当期或未来出资 • 退出难度中等	高	覆盖范围较广，一般用于员工激励

第三节 ｜ 定持股方式

员工持股方式主要有大股东代持、通过有限责任公司间接持股、通过有限合伙企业间接持股三种。

新股东进入常用的持股方式是大股东代持或通过持股平台间接持股，早期核心员工的股权激励建议优先采用代持。

天使轮融资之后，一般投资机构会要求创业公司成立单独的员工持股平台，将合伙人及员工的股权集中在持股平台内，由公司创始人做合伙企业的普通合伙人，其他股东作为有限合伙人，防止企业的控制权出现问题。这在之前的章节中已经讲述过，在此不做过多的展开。

股权激励的持股方式主要有激励对象直接持股和通过持股平台间接持股两种，有限责任公司和有限合伙企业都可以作为持股平台。

// 第一种持股方式：激励对象直接持股 //

激励对象直接持股是指激励对象直接持有本公司股权，这种持股方式激励效果最佳，激励对象可以和创始人一样根据《公司法》和公司章程的规定直接行使股东的各种权利。但是这种方式会影响创始人的控制权，影响企业的经营和决策效率，同时，如果激励对象退出，需要进行工商变更，手续较为烦琐，且会影响投资人的进入。所以这样的持股方式多用于激励原始股东，员工股权激励较少采用此种方式。

// 第二种持股方式：通过持股平台间接持股 //

相比之下，通过持股平台间接持股是目前来说最为普遍的做法。通过成立有限合伙企业作为持股平台，创始人可以担任普通合伙人（GP），这样创始人可以拿出更多的利益激励员工，同时又不影响控制权，且由于是间接持股，激励对象的退出也不会影响公司的股权架构，所以这种持股方式更受欢迎。

关于成立有限责任公司和有限合伙企业作为持股平台的优劣势，在"第三步　控制权的设计"中的"持股平台"一节已有相关介绍，这里不再赘述。

股权激励数量包括公司股权激励总量和个人激励数量两种。

第四节 定股权激励数量

// 第一种股权激励数量：公司股权激励总量 //

公司股权激励总量的确定一般有三个方式。第一，如果企业在初期已经引入投资，且投资人/机构有要求，那么按照投资人要求的比例确定；第二，根据创业团队的情况确定，即在初始架构设计时预留部分股权，通常的业绩比例是10%～30%，15%是个中间值；第三，以年度员工总薪酬为基数来确定，**股权激励总价值＝年度员工总薪酬×系数**，其中系数可根据行业实践和企业自身情况来决定。

硅谷的惯例是预留公司10%～20%的股权作为期权池，期权池越大对员工和风险投资机构越具有吸引力。风险投资机构一般要求创业公司要在它进入前设立期权池，并要求期权池在它进入后达到一定比例。由于每轮融资都会稀释期权池的比例，创业公司可选择在每次融资时调整（扩大）期权池，以不断吸引新的人才。

> 股权激励总价值
> ＝
> 年度员工总薪酬
> ×
> 系数

// 第二种股权激励数量：个人股权激励数量 //

具体到核心人才个人的股权激励比例分配，可采用岗位系数法或者综合评估法。

指基于岗位设置股权激励系数，按照岗位和职级设置固定系数，如总经理系数为1.2，副总经理系数为1.0，部门经理系数为0.8，该系数通常依据岗位价值评估或薪酬结构确定。

岗位系数法

综合评估法

基于岗位价值、司龄（在本公司工作的年限，考虑的是对本公司作出的贡献）、学历、业绩表现等多个维度进行综合评估的方法。综合评估法示例如表6-2所示。

表6-2　综合评估法示例

维度	计算规则	权重
岗位价值系数	按岗位和职级设置固定系数，总经理系数为1，副总经理系数为0.8，部门经理系数为0.5	40%
业绩表现系数	业绩考核优秀，系数为1；业绩考核合格，系数为0.5；业绩考核不合格，系数为0	40%
司龄系数	司龄≥5，系数为1；司龄＜5，系数为0.5	10%
学历系数	博士，系数为1；硕士，系数为0.5；硕士及以下，系数为0	10%
激励对象系数＝岗位价值系数×40%＋业绩表现系数×40%＋司龄系数×10%＋学历系数×10%		

无论采用以上哪种方法，激励对象对应的股权激励比例计算公式如右所示。

个人股权激励数量的确定，需要考虑未来预留的数量，并且充分考虑分批次给予。另外，考虑到创业公司的人才引入和激励多为持续性动作，一旦确定计算方式，需要统一规则，并在一定时期内保持稳定，以期实现公司内部的相对公平。

激励对象对应的股权激励比例

＝

激励对象系数

/

所有激励对象系数之和

×

激励计划总股权比例

第五节

定股权激励价格

股权激励价格的制订决定着最终激励效果的实现以及激励力度问题的解决。常见的股权激励价格一般以注册资本金法、净资产法、当期估值法等定价方式确定。

// 第一种定价方式：注册资本金法 //

注册资金法是指以公司的注册资本金为标准来制订股权激励价格。也可以在注册资本金的基础上，选择一个适当的折扣来确定行权的价格。

这种方式适用于一些注册资本金与企业的净资产相差不大的企业，是一种最简单的定价方式。

// 第二种定价方式：净资产法 //

净资产法是指以评估的净资产的价格为标准，通常使用公司的净资产或公司的净资产的折扣价来确定员工行权的价格。

这种定价方式通常适用于境内公司，适用于净资产与企业的注册资本金相差较大的企业。

// 第三种定价方式：当期估值法 //

在授予期权时，也可以参照最近一轮融资估值的折扣价来确定行权的价格，比如一个创业公司会定价为估值的10%。

　　除了以上较为常用的三种定价方式，还有平均收益率法（如企业净利润×10%）、互联网企业计算法（又称获客成本法，如100元/人）等定价方式，创业公司可根据需要选择合适的定价方式。

　　与退出时的回购价格制订方式不同，股权激励是为了激励员工创造更多的价值，所以需要设置折扣价格，以使激励效果最大化。而退出回购时，如果是无过错退出，需要肯定合伙人或者员工的贡献，需要选择适当的溢价进行回购。

股权激励计划的实施周期一般为3~5年，有时甚至更长，才能实现吸引和留住核心人才、提升员工工作积极性、提升公司业绩等初衷，才能真正挖掘长期激励的效果。

一般来说，实际股权的禁售期不少于1年，禁售期满原则上采取匀速解锁，解锁期不低于3年；期权的行权限制期原则上不得少于1年，行权有效期不得低于3年，有效期内匀速行权。

这里需要注意的是，期权计划包含授予、（分期）行权、转让三个主要环节，主要的约束集中在授予后至转让前持有期权的阶段；限制性股票包含授予、（分期）解锁、转让三个环节，主要的约束集中在授予后至转让前持有股票的阶段。

股权激励计划中比较重要的激励时间分为有效期、授予日、等待期、行权期和锁定期。

第六节 定股权激励时间

是指股权激励计划从经股东会审批生效起直至该股权激励计划涉及的最后一批激励股权行权或解锁完毕即股权激励计划终止的时间。对于非上市公司，股权激励计划的有效期由企业根据实际情况确定，法律没有强制性规定。

有效期

授予日

是指激励对象实际获得权益的日期。股权激励的授予日的基础是股权激励的生效日。生效日在先，授予日在后。授予日是实施股权激励计划的重要时点，比如等待期、行权期、锁定期等时间段，一般均以授予日为起算时点。

是指激励对象获取股权激励标的后，需要等待一段时间，达到事前约定的条件后，才可以实际获得对激励股权的完整的无限制的处分权。设立等待期的核心目的之一便是留住人才，长期绑定激励对象。

等待期

行权期

是指股权激励计划等待期届满之次日至股权激励计划有效期届满当日这一段时间。行权期内，原则上满足行权条件的激励对象均可以行权，获得激励标的处分权。行权期届满后，未行权的激励标的由公司予以作废注销或回购。

指激励对象在行权后必须持有激励标的一段时间，在该时间内激励对象不得转让、处分激励标的。锁定期的目的是防止激励对象为了短期套利而进行损害公司利益的行为。对于锁定期的长短，非上市公司可以通过公司章程或相关协议协商设置锁定期。

锁定期

创业公司没有上市公司的诸多监管限制，股权激励操作比较简单，股权激励来源只要原有股东协商一致，符合《公司法》的要求就可以，这是创业公司实施股权激励的一个很重要的优势。

创业公司用于员工激励的股权激励来源主要有原有股东转让、公司预留股权和增资扩股三个渠道。

- **原有股东转让**：原有股东转让部分股权作为股权激励，各公司可根据自己公司的实际情况决定是由大股东直接转让还是由多个股东按比例转让。
- **公司预留股权**：公司在成立之初可以预留一部分用于奖励的股权激励，预留股权可由大股东或董事会指定股东先行代持。
- **增资扩股**：公司经过股东大会2/3以上持股股东决议同意后，采用增资扩股的方式进行股权激励，行权后公司进行注册资本的变更。

除此之外，还需要考虑股权激励的资金来源是由个人直接承担，还是可以由企业提供资金支持。如果由个人承担，需要考虑其承受能力；如果由企业提供资金支持，还需要考虑是否收取利息、利息标准、还款时间以及还款方式等问题。

虚拟股权模式下不涉及股权激励来源问题及股权激励的资金来源问题。

第八节 定股权激励条件

无论采用哪种股权激励模式，股权激励的授予条件通常是一致的。不同点在于：期权在授予之后需要满足一定的条件方可按照约定的时间、价格和方式等来行权，该条件即为行权条件；限制性股权在授予之后即进入锁定期，需要达成一定的条件方可解锁进行转让或出售，该条件被称为解锁条件；对于虚拟股权来说，因为激励对象享有的是分红权和增值收益权，条件设置相对来说较为简单，只需要设置相匹配的考核条件。

// 第一种股权激励条件：授予条件 //

授予条件是指激励对象获授股权时必须达到或满足的条件，达不到或无法满足条件的不能获授股权。

对于上市公司来说，《上市公司股权激励管理办法》对实施股权激励计划的公司的主体资格和激励对象的资格有明确的要求；对于非上市公司来说，实施股权激励计划并没有法定的授予条件，非上市公司可以自主决定是否设置股权激励计划的授予条件。

一般而言，考虑到公平性，避免员工内部矛盾，企业可将工龄、学历、岗位、业绩等作为股权激励的授予条件。

// 第二种股权激励条件：行权条件 //

行权条件是指激励对象对已获授的股权激励标的行权时必须达到或满足的条件，是期权激励计划中最重要的内容之一。

行权条件一般包括以下三个方面。第一，公司达到预定的经营指标，比如预定的净利润的增长率、主营业务收入占营业收入的比重。第二，激励对象达到个人绩效考核指标，原则上要求绩效考核结果达到合格及以上。第三，等待期届满，即期权行权条件得到满足的时间段。

一、公司经营指标

公司经营指标是指公司根据实际情况设定自身的业绩考核指标。一般而言，公司可以在下列几类指标中选取适合自己公司情况的业绩考核指标。

- 反映股东回报和公司价值创造等的综合性指标，如净资产收益率、经济增加值、每股收益等。
- 反映公司营利能力和市场价值等的成长性指标，如净利润增长率、主营业务收入增长率、公司总市值增长率等。
- 反映公司收益质量的指标，如主营业务利润占利润总额比重、现金营运指数等。

二、个人绩效考核指标

激励对象的个人绩效考核是指根据不同管理层级及岗位类别对激励对象个人设置绩效考核指标，通常可根据个人业绩指标、计划目标、行为态度等方面进行综合制定。在公司经营指标达成的情况下，激励对象的个人绩效考核指标也同时满足条件，激励对象才具有行权资格。

三、等待期届满

例如，等待期设置为24个月的，则激励对象在期权授予之日起满24个月，且达到上述两个行权条件后才可以行权，当然激励对象也可以选择不行权。

例如，某公司股权激励方案规定激励对象行权条件包括以下内容。

等待期届满后，激励对象行权的前一年度绩效考核为良好及以上；本年度公司净利润同比增长15%；激励对象行权的前一年度，扣除非经常性损益后的公司加权平均净资产收益率不低于10%。

那么，激励对象达不到行权条件或者未及时行权时，又该如何处理呢？

一般而言，若激励对象的个人绩效考核或者公司业绩未能满足行权条件，则当期的股权激励标的不得行权，该部分股权激励标的由公司注销或者按照原授予的价格予以回购。若激励对象符合行权条件的同时公司业绩也达到了行权条件，但激励对象未在行权期内全部行权的，则未行权部分的股权激励标的应由公司予以注销或者按照原授予的价格予以回购。

// 第三种股权激励条件：解锁条件 //

解锁条件适用于限制性股权激励模式。

在激励对象达到授予条件后，公司按照预先确定的条件授予激励对象一定数量的本公司限制性股权，授予后即行锁定，激励对象在限制性股权锁定期内不得转让、出售及用于偿还债务等。

在锁定期结束后，进入解锁期。在解锁期内，如果公司业绩及个人考核情况满足规定的条件，激励对象取得的限制性股票可以按计划分期解锁。

通常情况下，限制性股权的解锁期为三年或四年，每年可以设定不同的解锁比例。比如三年解锁期，可设置为30%、30%、40%或40%、30%、30%，四年解锁期可设置为30%、30%、20%、20%或25%、25%、25%、25%。当然，公司也可以根据实际情况来设定解锁的期限和比例，比如某公司的《限制性股权协议》规定如下。

限制性股权自授予日起24个月内为锁定期。甲方（即激励对象）根据本协议获授的限制性股权在锁定期内不得转让或偿还债务。甲方因获授的尚未解锁的限制性股票而取得的资本公积转增股本同时进行锁定。除前述约定外，甲方因获授的尚未解锁的限制性股权而取得的其他法定及约定权利则不予锁定。

在解锁期内，由公司确定甲方的解锁条件是否成就，解锁条件成就的，限制性股权自解锁日开始解锁；未满足解锁条件的，按照《激励计划》的规定回购注销。解锁安排如表6-3所示。

表6-3　解锁安排

解锁安排	解锁期	解锁条件	解锁比例
第一次解锁	自授予日起满2年	• 最近一个会计年度公司净利润同比增长5%及以上； • 甲方上一年度绩效考核为"良好"及以上	50%
第二次解锁	自授予日起满3年	• 最近一个会计年度公司净利润同比增长8%及以上； • 甲方上一年度绩效考核为"良好"及以上	25%
第三次解锁	自授予日起满4年	• 最近一个会计年度公司净利润同比增长10%及以上； • 甲方上一年度绩效考核为"良好"及以上	25%

以上即为常见的三种股权激励条件，创业公司可以根据所选取的股权激励模式匹配相应的股权激励条件。

股权激励是一个体系化的过程，在完成本章前述八个步骤之后，就可以拟定股权激励机制了，这是股权激励的最终方案，其主要内容包括基础解释、资格要求、激励说明、时间规定、激励程序、变更终止、转让回购及其他细则。

// 第一项内容：基础解释 //

股权激励计划中的基本解释主要包括股权激励的释义、目的、基本原则以及管理机构。其中，管理机构的设定，一般而言，股东会是公司最高权力机构，负责审议批准股权激励计划的实施、变更和终止；股东会授权董事会为股权激励计划的执行管理机构，负责起草、修订、调整股权激励计划并提交股东会审议通过；公司人力资源部门负责日常的工作，负责股权激励计划的落地、调整、建议及股权的管理。

// 第二项内容：资格要求 //

资格要求是指激励对象须具备的基础条件，也是股权激励计划的准入机制。例如，某公司对激励对象的资格要求如下所示。

本方案的激励对象同时满足以下条件：

（1）激励对象须为公司入职一年以上的全职员工；

（2）高度认同公司价值观；

（3）具有与其岗位相对应的职业能力；

（4）过往一年内请事假不超过5次（累计10天），婚、嫁、病、大事假除外；

（5）每年被客户投诉不超过3次；

（6）不存在违反公司章程或者公司的各项规章制度，且不存在损害公司利益的行为；

（7）虽未满足上述全部条件，但公司股东会认为确有必要进行激励的其他人员。

激励对象的资格认定权在公司股东会，激励对象名单须经股东会审批后生效。

激励对象的资格认定权在公司股东会，激励对象名单须经股东会审批后生效。

资格要求的设定，一方面主要用于划定激励对象的范围，另一方面在于规范和鼓励激励对象的正向行为，为公司其他核心人才树立正确的工作态度和行为准则。

// 第三项内容：激励说明 //

这一部分用于说明股权激励的模式、股权来源、持股方式、激励股权数量、购买价格和分配等内容。例如，某公司的股权激励计划内容如下所示。

（1）模式：限制性股权。

（2）股权来源：根据本次激励股权数额，由公司创始股东_____出让其在公司所持有的部分股权份额，并由出让股东直接与激励对象签订《股权转让协议》。

（3）持股方式：激励对象直接持股。

（4）激励股权数量：本次股权激励公司估值_____万元，按照每股_____元，合计_____万股，拟向激励对象转让_____万股，占公司股权总额的_____%。

（5）购买价格：根据_____会计师事务所于_____年_____月_____日出具的《审计报告》，截至_____年_____月_____，公司净资产总额为_____元，注册资本为_____元，每单位（以下称"股"）注册资本对应净资产值为_____元/股，基于上述公司经审计的每股账目净资产值，激励对象在本计划项下取得每股价格为_____元/股。

（6）分配：股权激励分配方案如表6-4所示。

表6-4　股权激励分配方案

序号	姓名	职务	购买价格（元）	拟授股权数量（股）	与拟授股权数量相应的股权比例（%）	购股金额（元）
1						
2						
3						

// 第四项内容：时间规定 //

如"定股权激励时间"一节所示，在股权激励计划中，须明确各类时间规定，如股权激励方案的有效期、授予日、行权日和锁定期等。例如，某公司对于有效期和授予日的规定如下所示。

有效期

本方案有效期_____个月，自股东会批准之日起计算。计划有效期内，公司可以依据本方案向激励对象授予限制性股权。

授予日

授予日在本方案经公司股东会审议通过后由公司执行董事确定。授予日应为自公司股东会审议通过本方案之日起_____日内，届时由公司执行董事对激励对象授予，完成相关协议及法律文书的签署等相关程序。

在股权授予日起_____日内符合本方案"授予条件"的激励对象根据其与公司签订的《股权激励协议》及与出让股东签订的《股权转让协议》规定缴纳对应的股权受让价款，公司自授予股权之日起_____日内办理工商变更登记，激励对象未按照付款期限支付受让标的股权价款的，视为该激励对象放弃参与本次授予。

// 第五项内容：激励程序 //

激励程序主要指有关授予条件、授权程序和行权条件的程序。例如，某公司通过持股平台间接支持，其激励程序规定如下。

授予条件

激励对象获授标的股权必须同时满足如下条件：

（1）劳动合同处于有效期间；

（2）依据《_____有限公司股权激励方案实施考核办法》，激励对象上一年度绩效考核合格。

授予程序

（1）公司与激励对象签订《股权激励协议书》，约定双方的权利义务；

（2）公司于授权日向激励对象送达《股权授予通知书》一式两份；

（3）激励对象在三个工作日内签署《股权授予通知书》，并将一份送回公司；

（4）公司根据激励对象签署情况制作股权激励方案管理名册，记载激励对象姓名、获授股权的数量、股权价款、授权日期、股权授予协议书编号、在_____有限公司投资中心（有限合伙）持股平台所占财产份额比例等内容；

（5）由_____有限公司投资中心（有限合伙）持股平台直接持有_____有限公司_____%股权；

（6）根据激励对象获授公司股权的比例换算为持股平台_____有限公司投资中心（有限合伙）的投资份额，激励对象成为_____有限公司投资中心（有限合伙）的有限合伙人，间接持有_____有限公司相应的股权。

行权条件

公司对激励对象拟授予的股权将分_____期授予，行权时必须满足以下条件：

（1）依《_____有限公司股权激励方案实施考核办法》考核合格；

（2）激励对象及时足额缴纳授予股权的转让价款；

（3）劳动合同处于有效期间。

// 第六项内容：变更终止 //

本项内容约定当激励对象发生职务变更、离职、丧失劳动能力、退休、离婚等特殊情况时，股权的变更和终止机制。

以离职为例，激励对象须满足一定的工作年限，若因辞职、个人原因等特定情形的，则公司有权予以回购（但没有义务回购），同时约定回购价格。例如：

激励对象与公司的劳动合同到期，公司不再与之续约的，其已行权的股权继续有效，公司按前一年每股净资产金额的50%核算价格予以回购，已授予但尚未行权和尚未授予的股权不再授予，予以作废。

激励对象与公司的劳动合同未到期，未经公司同意，擅自离职的，其已行权的股权无效，公司创业股东有权要求该激励对象无条件将已获得的股权以授予价格回购。

在进行公司股权设计时要特别考虑股东婚姻关系的重大影响。一旦婚姻关系发生变化，首先要分割夫妻共同财产。如果未做规划，将可能发生配偶或者子女配偶要求分割公司股权的事情。例如，某公司的股权激励计划对激励对象的离婚事宜做了如下的规定。

激励对象因离婚事宜涉及财产分割的，激励对象承诺不得将所持本公司股权进行分割，亦不得将其所持本公司股权向其配偶进行转让；发生离婚情形时，必须将该部分财产进行分割时，应先由出让股东回购其所持股权；激励对象可将回购款进行财产分割，激励对象股权被回购后，股东资格丧失。

// 第七项内容：转让回购 //

对于股权激励计划而言，转让回购条款须约定：优先购买权，如出让股东出让的股份，在受让股东（激励对象）退出（或转让）股份时，出让股东享有优先购买权；回购豁免权，如出让股东丧失股权回购能力（包括但不限于公司破产、并购、个人负债过高等情形）时，出让股东豁免回购义务。此外，还须约定内部自由转让及对外转让的相关情形。

// 第八项内容：其他细则 //

除了以上内容，股权激励计划中还须列明激励对象与出让股东及公司的权利义务、因引入战略投资可能引发的增资事宜、股权激励计划的调整、终止的情形、税收负担及合法资金来源等内容，此处不再一一展开。

同时，股权激励计划中还要准备与股权激励机制相关的配套文件，如《股权激励计划考核管理办法》《股权激励协议书》《股权激励授予通知书》《期权行权申请书》《期权行权通知书》等。

最后，股权激励计划并非创业公司一开始就要着手设计的。一方面，股权激励中最核心的要素是"人"，但是初期的核心人才未必了解股权的作用和价值，此时股权激励的效果往往不如现金来得实际；另一方面，股权激励是对少数核心人才进行激励，而选择激励对象首先要建立一套针对激励对象的评价体系，从岗位价值、业绩贡献等多方面对激励对象进行合理评价。但是在创业初期，创业公司很少具备建立评价体系的能力。所以，在创业初期，如非必要，建议先预留一部分股权作为期权池，在适当的阶段再开始设计股权激励计划。当然，创业公司也可以借助专业的咨询机构来设计股权激励计划。

华为的股权激励

《创华为：任正非传》的前言里有这样一句话："中国企业做大做强的有不少，但能像华为这样叱咤风云，让国外巨头都连连称赞的却不多；中国的企业家多如牛毛，但能像任正非一样脚踏实地、默默耕耘的人却很少。"

华为的传奇，离不开任正非的高瞻远瞩和滔天伟略，离不开华为独有的企业管理方式，也离不开华为从创业初期便实行的员工股权激励政策。

一、谁拥有华为

早前，任正非曾说："谁拥有华为？我不知道怎么说，我反正只有百分之一点几的股份。"

华为通过工会施行员工持股计划，《华为2019年可持续发展报告》显示，截至2019年，持股员工人数为104 572人，持股人仅为员工，没有任何政府部门、机构持有华为股权。

据天眼查数据显示，2020年创始人任正非先生作为自然人股东持有公司0.94%的股份，华为投资控股有限公司工会委员会持有公司99.06%的股份，如图6-2所示。持有股份的员工不同于《公司法》上的股东，因为从2001年起，华为员工持有的股份已改为虚拟受限股。简单来说，员工并不是公司直接的股东，但享有分红权和股份增值权。

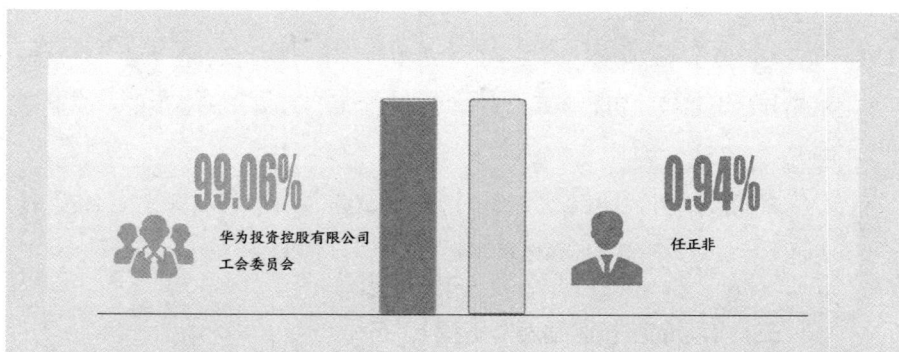

图6-2　2020年华为投资控股有限公司的股权架构（数据来源：天眼查）

二、谁控制华为

华为拥有完善的内部治理架构。持股员工选举产生115名持股员工代表，持股员工代表会选举产生董事长和16名董事，董事会选举产生4名副董事长和3名常务董事，轮值董事长由3名副董事长担任，如图6-3所示。

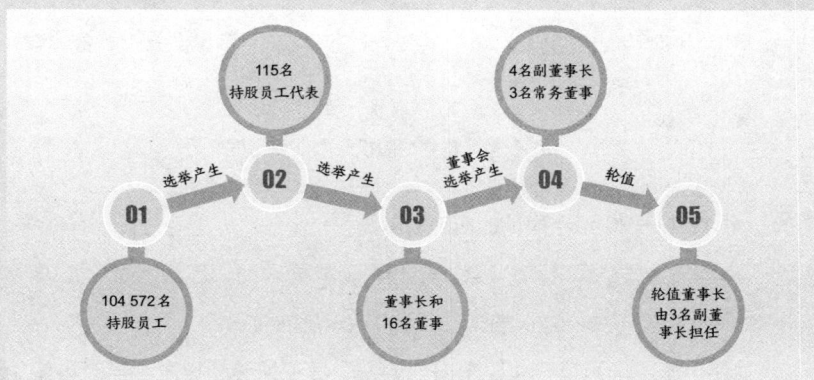

图6-3　华为内部治理架构（2019年）

轮值董事长以轮值方式主持公司董事会和常务董事会。董事会行使公司战略与经营管理决策权，是公司战略、经营管理和客户满意度的最高责任机构。

董事长主持持股员工代表会。持股员工代表会是公司最高权力机构，对利润分配、增资和董事监事选举等重大事项进行决策。

三、华为的股权激励演变历程

华为的股权激励演变历程大致经历了三个阶段，分别为1990—2000年早期的内部股激励、2001—2012年中期的虚拟股激励以及2013年至今的虚拟饱和股+TUP，如图6-4所示。

图6-4　华为的股权激励演变历程

1. 1990—2000年早期的内部股激励

华为成立于1987年，当时的注册资本要求为2万元，而任正非只有3000元，不得不拉一些人集资以满足营业审批的要求。

1990年，华为第一次提出内部融资、员工持股的概念。当时参股的价格为每股1元，以税后利润的15%作为股权分红。那时，华为员工的薪酬由工资、奖金和股票分红组成，这三部分数量几乎相当。其中股票是在员工进入公司一年以后，依据员工的职位、季度绩效、任职资格状况等因素进行派发，一般用员工的年度奖金购买。如果新员工的年度奖金不够派发的股票额，公司帮助员工获得银行贷款购买股票。在2001年以前，华为的内部股一直都是1元1股对员工出售。

1997年，华为进行了股权改制。改制之前，华为的注册资本为7005万元，其中688名华为公司员工总计持股65.15%的股份，而其子公司的299名员工持有余下的34.85%的股份。改制后，该子公司、子公司工会及华为工会分别持有华为5.05%、33.09%和61.86%的股份。两家公司所持的股份分别由两家公司工会集中托管，并代行股东表决权。

华为采取这种方式融资，一方面减少了公司现金流风险，另一方面增强了员工的归属感，稳住了创业团队。也就是在这个阶段，华为完成了"农村包围城市"的战略任务，1995年销售收益达到15亿元人民币，1998年将市场拓展到中国主要城市，2000年在瑞典首都斯德哥尔摩设立研发中心，海外市场销售额达到1亿美元。

2. 2001—2012年中期的虚拟股激励

任正非在其《一江春水向东流》一文中道出了华为员工持股制度的产生过程："我创建公司时设计了员工持股制度，通过利益分享，团结起员工。那时我还不懂期权制度，更不知道西方在这方面很发达……仅凭自己过去的人生判断，感悟到要与员工分担责任，分享利益。"

华为早期内部持股的员工只有分红权，没有《公司法》上股东所享有的其他权利，员工在退出公司时的价格是按照购股之初的原始价格回购的，员工也不享有股东对股票的溢价权。

一些创业元老们因故退出时为自己手头1∶1兑现的股份感到不满，毕竟2000年时，华为的注册资本已经增加到32亿元，总资产达到100亿元，这些元老们最终拿起法律武器捍卫了自身的权益。

这个事件的爆发暴露了华为在股权问题上的先天性缺陷。

任正非意识到,成立初期的内部股权制度已经成为华为巨大的负担。为此,华为实施了大规模的股权清理运动。

2001年年底,在任正非的强力推行下,华为实行员工持股改革:新员工不再派发长期不变的1元一股的股票,老员工的股票也逐渐转化为期股,即所谓的"虚拟受限股"。虚拟受限股(以下称"虚拟股")是华为投资控股有限公司工会(以下称"华为控股工会")授予员工的一种特殊股票。每年,华为根据员工的工作水平和对公司的贡献,决定其获得的股份数。员工按照公司当年净资产价格购买虚拟股。拥有虚拟股的员工,可以获得一定比例的分红以及虚拟股对应的公司净资产增值部分,但没有所有权、表决权,也不能转让和出售。在员工离开华为时,股票只能由华为控股工会回购。

华为规定,根据内部的评价体系,员工的虚拟股每年可兑现1/4,价格是最新的每股净资产价格。但是,华为对中高层的兑现额度做了另外规定,他们只能每年兑现1/10,除非离职,并且在离职后,还要经历公司6个月的严格审核,确认"没有触犯创业公司的产品不与华为构成同业竞争""没有从华为内部挖过墙角"等等条件中的任何一条后,方可全额兑现。

同时,面对大量员工离职引发的股票回购压力,华为顺势提出了管理者收购方案(Management Buy-Outs,MBO),华为拿出10亿股,以每股2.74元向1000名公司核心骨干发售,平均每人100万股资金由员工出15%,其余由华为出面担保、员工集体以个人名义向银行贷款解决。

华为通过不断调整股票的分配方式来维系整个组织的活力。2008年,华为微调了虚拟股制度,实行饱和配股制,即规定员工的配股上限,每个级别达到上限后，就不再参与新的配股。这一规定使得手中持股数量巨大的老员工的配股受到了限制，但是有利于激励华为的新员工。

3. 2013年至今的虚拟饱合股+TUP

一方面，随着公司的发展，华为的外籍员工越来越多，但是外籍员工无法参与虚拟受限股。另一方面，由于股票价格逐步升高，但是银行不发放贷款，入职2~3年的有战斗力的员工没有钱配股，无法捆绑利益，就存在一定的离职风险，而在这个时间段内优秀员工的离职会给企业造成重大损失，因为员工入职2年内属于投入期，之后才是投资回收期。

2013年，华为为外籍员工推出TUP（Time Unit Plan）——时间单位计划，使外籍员工也可以分享利润。2014年起，TUP适用于国内员工。

TUP的实施框架为：每年根据员工岗位及级别、绩效，分配一定数量的5年期权，员工不需要花钱购买，即可获得相应的分红权和增值权，5年后清零。

TUP在5年后清零，要求员工只能不断努力工作以换取更多的激励期权，避免老员工在拥有大量股票后坐享收益，不思进取。同时，TUP是一种非常简单的现金递延激励，不存在任何法律上的障碍，TUP的实施可以解决全球不同区域、不同国籍人员激励模式的统一问题。

四、博采众长 经验借鉴

华为的股权激励机制在创业早期帮助公司渡过了一次又一次的资本寒冬，融得了大量的资金；在稳定发展期，该机制始终坚持以奋斗者为本，不断通过调整股票的分配方式来激活整个组织的活力，支撑了华为30多年来的高速发展。

对于融资环境处于劣势的民营企业而言，此举可谓一举两得。

第七步
股权机制落实

没有规矩不成方圆。多人一起共事离不开规则，几个合伙人一起创业，是一个长期的、艰苦的、充满变数的过程，有规则尤为重要。

第一节 签订股东协议

股权设计的本质是通过系列的协议来实现公司控制权与利益平衡。创业公司合伙人之间往往碍于情面，或者基于初步的信任，依靠口头协议或者可能仅仅是交流意见，就把股权分配的比例定下来了。一旦日后发生了争执，没有落在纸面的协议，往往是各执己见，兵刃相见。

股权设计落地协议主要表现在股东协议和公司章程上。股东协议和公司章程存在一些差异，总体而言，公司章程的效力更高，股东协议可视为对公司章程的补充。《公司法》给予了公司章程充分的自治空间，我们可以通过股东协议与公司章程的结合，来对公司的股权机制和管理机制进行详细约定，做到有迹可循、有章可依。

股东协议是股东间签署的协议，是创始人之间、投资人之间、持股员工之间、股权转让的股东之间就公司内部权责利的分配和约定、公司事务的管理方式、股东之间的关系等事项所订立的协议。

对于有限责任公司而言，设立公司的时候并非必须要有股东协议，之所以建议创业团队签订股东协议，是因为合伙人之间的合作基础是对规则的遵守，在开始合作之前合伙人一定要对企业发展方向、股东权利与义务、决策机制以及退出机制等问题作出约定，并且一定要制订实施时的具体办法，避免日后引起不必要的纠纷与争执，确保公司的根基稳固。图7-1展示了股东协议可以解决的三大问题。

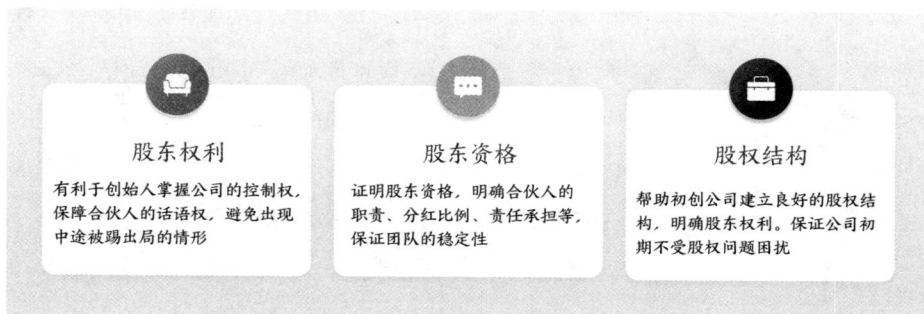

图7-1　股东协议可以解决的三大问题

　　股东协议可以约定股东间的出资比例、出资形式、出资期限、持股比例、股权激励预留、表决权设计、分红规则、股权转让规则、股东的进入、退出、调整、继承规则、配偶股权处理规则、竞业禁止与禁止劝诱、保密等事项。除了股东协议，还有其他必要的协议，如《股权转让协议》《增资扩股协议》《员工持股协议》等，创业公司可根据需要进行设计与签订。

　　股东协议是股东间签署的协议，与公司章程不同的是其不需要登记机关审查和备案，可以保密。股东协议对签署协议的股东具有法律约束力，对未签字方无效，而公司章程的法律约束范围更广。

第二节 设计公司章程

公司章程是指公司依法制订的规定公司名称、住所、经营范围、经营管理制度等重大事项的基本文件。它是公司组织和活动的基本准则，是设立公司的必备文件，适用"资本多数决"原则，是公司治理的重要依据，常被称作"公司宪法"。

《公司法》明确规定，订立公司章程是设立公司的条件之一。审批机构和登记机关要对公司章程进行审查，以决定是否给予批准或者给予登记。公司没有公司章程，其成立请求不能获得批准；公司没有公司章程，也不能获得登记。公司章程有违反法律、行政法规的内容的，公司登记机关有权要求公司做相应修改。公司章程一经有关部门批准，并经公司登记机构核准即对外产生法律效力。公司、公司股东以及董事、监事和高级管理人员都要受到公司章程的约束。

《中华人民共和国公司法》
第一章 总则

第十一条 设立公司必须依法制定公司章程。公司章程对公司、股东、董事、监事、高级管理人员具有约束力。

《中华人民共和国公司法》
第一章 总则

第十二条 公司的经营范围由公司章程规定，并依法登记。公司可以修改公司章程，改变经营范围，但是应当办理变更登记。

公司的经营范围中属于法律、行政法规规定须经批准的项目，应当依法经过批准。

《中华人民共和国公司法》

第一章　总则

第十三条　公司法定代表人依照公司章程的规定，由董事长、执行董事或者经理担任，并依法登记。公司法定代表人变更，应当办理变更登记。

很多创业公司在做公司登记的时候，为了方便省事，往往选择请代理公司或者孵化器的方式来注册登记，而代理公司或者孵化器通常提供国家市场监督管理总局的公司章程标准范本让全体股东签字，这样的公司章程是没有经过任何设计的、普适的章程，对于控制权的设计来说是一种浪费。

在学习了《创业公司常见的八种控制权设计方法》后，创业者应该了解到，《公司法》中"公司章程另有规定的除外"和"由公司章程规定"的条文给控制权的设计预留了足够的自治空间。《公司法》中公司章程可以约定的事项如表7-1所示。

表7-1　《公司法》中公司章程可以约定的事项

序号	约定事项	依据
1	约定"不按照出资比例分取红利"	《公司法》第三十四条
2	约定"不按照出资比例优先认缴出资"	《公司法》第三十四条
3	约定《公司法》规定外的股东会的其他职权	《公司法》第三十七条
4	约定书面形式行使股东会职权	《公司法》第三十七条
5	约定召开股东会定期会议的时间	《公司法》第三十九条
6	约定召开股东会会议的通知期限	《公司法》第四十一条
7	约定不按照出资比例行使表决权	《公司法》第四十二条
8	约定《公司法》规定外的"股东会的议事方式和表决程序"	《公司法》第四十三条
9	约定"董事长和副董事长的产生办法"	《公司法》第四十四条

（续表）

序号	约定事项	依据
10	约定《公司法》规定外的董事会的其他职权	《公司法》第四十六条
11	约定《公司法》规定外的"董事会的议事方式和表决程序"	《公司法》第四十八条
12	约定"执行董事的职权"	《公司法》第五十条
13	约定《公司法》规定外的监事会、不设监事会的公司的监事的其他职权	《公司法》第五十三条
14	约定《公司法》规定外的"监事会的议事方式和表决程序"	《公司法》第五十五条
15	约定剥夺股权转让时其他股东的同意权	《公司法》第七十一条
16	约定限制股权转让时其他股东的优先认购权	《公司法》第七十一条
17	约定排除股东资格的继承权	《公司法》第七十五条

很多人或许不了解公司章程的作用，认为其仅仅是公司注册需要的文件，学习了本书的知识后，希望创业者能够重视公司章程的法律效用，有针对性地设计公司章程，以在保障自身的公司控制权的同时，合理化公司的管理机制。

股东协议和公司章程都是公司治理的必要工具，二者相辅相成。股东协议可以起到补充公司章程的作用，股东协议中约定的某些事项也可以规定于公司章程中，但股东协议中的内容与公司章程不能有冲突，如果有冲突，一定是以公司章程为准。

在签订股东协议和设计好公司章程之后，创业团队就可以进行公司登记注册了。公司登记注册流程一般有图7-2所示的八个流程。

基于创业公司的需求，这里对公司登记注册的前四个流程进行简要介绍。

一、企业核名

《中华人民共和国公司登记管理条例》规定设立公司应当申请名称预先核准，由全体股东指定的代表或者共同委托的代理人向公司登记机关申请名称预先核准。预先核准的公司名称保留期为6个月。

图7-2　公司登记注册流程

名称预先核准一般称企业核名，这一步有两件最重要的事。一是确定组织的形式，确定组织是有限责任公司、股份有限公司还是合伙企业等。创业公司一般选择有限责任公司。二是确定公司的名称。给公司"起名"比给孩子起名更难，因为孩子的姓名允许重名，但是公司的名称在同一辖区内或者同行业内不允许重名（有投资关系的除外），尤其是在如今的创业形势和政策利好的情况下，公司的注册数量越来越多，如果还要考虑商标注册，公司起名便更有难度。建议在核名之前预先准备3~5个名称以备不时之需。企业核名通常需要1~3个工作日，核名失败则需要重新核名。

二、申请设立登记

企业核名通过之后，就可以提交材料进行申请设立登记，这时就需要提供上一节设计好的公司章程了。需要提交的资料中，除了最为重要的公司章程，还有一点也比较重要，就是公司住所证明。对于需要考虑节流的创业公司来说，可以选择有税收优惠的地区、开发区或者创业孵化器，它们一般可以提供低成本的注册地址，也有一些代理机构可以提供一次交费的注册地址。总的来说，创业团队在准备进行公司登记时需要综合考虑各方面的因素。

《中华人民共和国公司登记管理条例》

第四章 设立登记

第二十条 设立有限责任公司，应当由全体股东指定的代表或者共同委托的代理人向公司登记机关申请设立登记。设立国有独资公司，应当由国务院或者地方人民政府授权的本级人民政府国有资产监督管理机构作为申请人，申请设立登记。法律、行政法规或者国务院决定规定设立有限责任公司必须报经批准的，应当自批准之日起90日内向公司登记机关申请设立登记；逾期申请设立登记的，申请人应当报批准机关确认原批准文件的效力或者另行报批。

申请设立有限责任公司，应当向公司登记机关提交下列文件：

（一）公司法定代表人签署的设立登记申请书；

（二）全体股东指定代表或者共同委托代理人的证明；

（三）公司章程；

（四）股东的主体资格证明或者自然人身份证明；

（五）载明公司董事、监事、经理的姓名、住所的文件以及有关委派、选举或者聘用的证明；

（六）公司法定代表人任职文件和身份证明；

（七）企业名称预先核准通知书；

（八）公司住所证明；

（九）国家工商行政管理总局规定要求提交的其他文件。

法律、行政法规或者国务院决定规定设立有限责任公司必须报经批准的，还应当提交有关批准文件。

三、领取营业执照

在提交的申请设立登记材料审核通过后，即可携带《准予设立登记通知书》、办理人身份证原件，到公司登记机关现场领取营业执照正、副本。

四、刻章

领取营业执照之后，即可凭公司营业执照到公安局指定刻章点办理公司公章、财务章、合同章、法人代表章、发票章。至此，公司的登记注册环节便完成了。

一般来说，公司经过企业核名、申请设立登记、领取营业执照、刻章这四个流程，就完成了公司登记注册，就可以开业了。但是，公司想要正式开始经营，还需要经过银行开户、税务报到、申请税控和发票、社保开户四个流程，这里不再赘述。

创业公司股权设计实践案例

本书已经讲了创业公司常见的八种控制权设计方法，但是在应用于现实中的时候，还是感觉没有清晰的思路。针对创业者的实际需求，本案例进行了模拟演练，来加深创业团队对股权设计基础知识的掌握。

假设，现有A、B、C、D四个人，基于Z项目的运作基础，拟合伙创业。基本情况如下。

一、合伙人的选择与分工

B和C原属于同一家企业，B是C的下属，共事时间为四年，非常了解和认同彼此的能力；A原是B和C所在企业的下游供应商，以甲乙方的关系合作过三年，有信任基础；D是C的朋友，友谊深厚。

几位合伙人已经商讨确定了公司的商业模式，各位合伙人的分工及描述如下。

① A是项目发起人，负责公司的整体管理，提供资金和技术团队，全职参与经营。

② B是联合创始人，负责技术研发，提供专利，是公司的核心技术骨干，全职参与经营。

③ C是联合创始人，负责产品研发，提供专利，把控产品研发方向，兼职参与经营。

④ D是联合创始人，负责市场推广，提供客户、市场与科研资源，兼职参与经营。

二、确定股权分配比例

基于合伙人共同商讨的商业模式和创业项目的特点，将资金股和人力股分开计算，资金股占比30%，人力股占比70%。其中人力股又分为项目发起、投入精力、核心资源、公司发展四个基本要素，并基于Z项目实际需要，为每个维度设计不同的权重分。

出于后续股东和员工激励的考虑，四位合伙人决定预留30%的股权用于股权激励，最终得出四位合伙人的股权分配比例。Z项目股权分配计算表如表7-2所示。

表7-2　Z项目股权分配计算表

	人力股（70%）				资金股（30%）	股权分配比例
	项目发起	投入精力	核心资源	公司发展		
权重	1	2	5	2	10	100%
A	7	3	2	6	10	38.15%
B	1	3	4	2	0	15.19%
C	1	2	2	1	0	8.33%
D	1	2	2	1	0	8.33%
预留股权	—	—	—	—	—	30%

三、设计持股方式

合伙人C和D因为是兼职参与经营，不便于工商注册，其股权由创始人A代持；预留的用于后续股东和员工激励的30%的股权，也由创始人A代持；合伙人B的股权自己持有。

关于持股方式，如果合伙人C和D也可以执行工商注册，可以实名注册成为显名股东，为了保证控制权，创始人A与合伙人B、C、D签订《投票委托权协议》或者《一致行动人协议》；另外，可以考虑注册有限合伙企业，由创始人A作为普通合伙人，合伙人B、C、D以及未来引入的人才作为有限合伙人，通过有限合伙企业投资入股到以A为法人及自然人股东的有限公司中去。

四、签订股东协议

在公司正式成立前，四位合伙人协商确定了公司的名称，并通过了工商核准，之后签订了股东协议，约定了以下十大重点事项。

① 股权架构安排，包括出资额、持股比例、资金来源及持有方式。

② 预留股权说明，包括预留股东激励股权、预留员工期权的比例、持有方式、权利约定。

③ 限制性股权成熟计划，包括成熟安排，即各方股权自交割日起，按照每年25%的进度在四年内分期成熟；加速成熟，即发生退出事件时，各方所有未成熟标的股权均立即成熟。

④ 股权回购情形，包括因过错导致的回购及终止劳动关系导致的回购。

⑤ 标的股权的转让限制，包括限制转让和优先受让权。

⑥ 配偶股权处分限制，即约定公司股权架构不受任何创始人股东婚姻状况的变化的影响，并要求股东与配偶签署附属协议，离婚仅能分割婚姻存续期间股权的财产性权益，但无权分割股东资格。

⑦ 继承股权处分限制，即股东需要继承人继承股权的，须过半数表决权的股东同意，如未能一致同意，则其他股东有义务回购该股权。

⑧ 竞业禁止条款，即规定时间内，不得到与公司有竞争关系的其他用人

单位任职等事项。

⑨ 知识产权条款，因四方合作基础是前期各自的专利等知识产权，事先需要约定知识产权权利是否归属于公司。

⑩ 保密条款，即合同基本的保障条款对于股东之间的约定以及合作事项涉及商业秘密的，各方均有保密义务。

五、签订代持协议和一致行动人协议

在股东协议签订的同时，创始人A分别与合伙人C、D签订了代持协议，主要内容如下。

① 代持标的，明确代持的股权实际的所有人是委托人（合伙人C和D），创始人A仅为代持，产生的收益、权益、所得或收入等都归委托人所有。

② 代持期限。

③ 委托人的权利和义务。

④ 受托人的权利和义务。

⑤ 代持股权费用。

⑥ 标的股权的转让。

⑦ 保密条款。

⑧ 违约责任。

同时，创始人A与合伙人B、C、D签署了《一致行动人协议》，其主要内容如下。

①"一致行动"的目的，在于巩固各方的共同控制地位。

②"一致行动"的内容，即各方同意，各方通过投票表决、举手表决或书面表决的方式在公司股东会和董事会中行使共同提案、经营计划、投资方

案、财务预算方案、利润分配方案、增资或减资方案、聘任或解聘总经理等职权时，保持一致意见。

③ "一致行动"的延伸，若各方内部无法达成一致意见，则各方应按照甲方的意向进行表决。

④ 违约责任，如违反协议规定，应向守约方支付赔偿金，该赔偿金由守约方根据各自在公司的持股比例进行分配。

六、拟定公司章程

四个合伙人共同商定公司章程，包括以下十大重点事项。

① 公司的名称、住所和经营范围。

② 公司注册资本（认缴/实缴）及股东的姓名、出资方式（货币/其他）、出资额、出资时间、股权比例。

③ 法定代表人、执行董事/董事长、总经理。

④ 股东会职权及议事规则，包括会议通知方式（书面/口头）、通知发往的地址（法定地址/实际地址/地址变更如何处理）、通知时间、表决方式、争议解决（通知相关/股权会召集瑕疵）。

⑤ 董事会构成与来源，董事会/监事会的职权及议事规则。

⑥ 股东权利，表决权、增资的优先认购权、分红权、知情权。

⑦ 股权转让限制与程序，控股权及技术人员持股。

⑧ 股权是否继承。

⑨ 僵局出现及解决程序。

⑩ 解散事由、清算办法。

七、注册有限公司

设计好公司章程之后，由创始人A负责提交以下材料，完成Z有限责任公司的工商注册，如表7-3所示。

表7-3　有限责任公司设立登记一次性告知单中须提交材料（北京）

序号	材料	提示
1	内资公司设立登记申请书	由拟任法定代表人亲笔签署。（其他填写要求请详见申请书上的说明提示）
2	公司章程	全体股东共同签署，其中自然人股东亲笔签字，法人股东法定代表人签字并加盖公章
3	股东资格证明	自然人股东提交身份证复印件，企业法人股东提交营业执照复印件。（其他类别股东资格证明的提交方式请参见《投资办照通用指南及风险提示》中"如何准备投资人（股东）资格证明文件"的详细说明）
4	法定代表人、董事、监事和经理的任职文件	在申请书中"法定代表人、董事、经理、监事信息表"页签署确认任职信息的可不提交此文件
5	住所使用证明	产权人签字或盖章的房产证复印件。产权人为自然人的应亲笔签字，产权人为单位的应加盖公章
6	许可项目审批文件	法律、行政法规和国务院决定规定设立公司必须报经批准的或公司申请登记的经营范围中有法律、行政法规和国务院决定规定必须在登记前报经批准的项目，提交有关批准文件或者许可证的复印件
7	补充信息登记表	

注：上述第1、7项材料应提交登记机关制式格式的申请文件，可到就近登记部门领取或登录国家市场监督管理总局网站下载，提交的登记申请文书与其他申请材料应当使用A4型纸。

八、设立持股平台

基于长远计划的考虑，Z有限责任公司选择设立员工持股平台，通过有限合伙企业持股Z有限责任公司，Z有限责任公司最终的股权架构如图7-3所示。

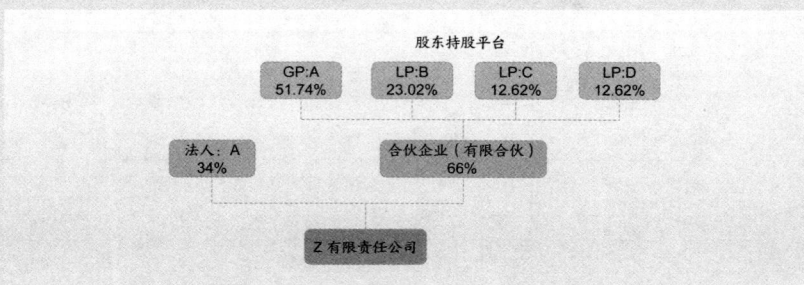

股东持股平台

| GP:A 51.74% | LP:B 23.02% | LP:C 12.62% | LP:D 12.62% |

| 法人：A 34% | 合伙企业（有限合伙）66% |

Z有限责任公司

图7-3　Z有限责任公司最终的股权架构

创始人A作为有限合伙企业的普通合伙人（GP），执行合伙事务，拥有对平台公司的决策权；通过有限合伙企业间接持有Z有限责任公司约34.1%的股权（66%×51.74%≈34.1%）；合伙人B、C、D作为有限合伙企业的有限合伙人（LP），不执行合伙事务，不拥有平台公司的决策权。加上直接持有Z有限责任公司34%的股权，创始人A拥有了Z有限责任公司的股权比例超过了绝对控制线67%，一定程度上掌握了公司的控制权。

1. 中华人民共和国公司法

2. 中华人民共和国合伙企业法

3. 最高人民法院关于适用《中华人民共和国公司法》若干问题的规定（二）

4. 最高人民法院关于适用《中华人民共和国公司法》若干问题的规定（三）

5. 中华人民共和国中外合资经营企业法关于外国投资者并购境内企业的规定

6. 中华人民共和国会计法

7. 中华人民共和国证券法

8. 上市公司收购管理办法

9. 中华人民共和国企业所得税法

10. 企业财务通则

11.《国家税务总局关于〈关于个人独资企业和合伙企业投资者征收个人所得税的法规〉执行口径的通知》(国税函〔2001〕84号）

12. 经济适用住房管理办法

13. 中华人民共和国公司登记管理条例

14. 中华人民共和国民法典

15. 最高人民法院关于适用《中华人民共和国民法典》婚姻家庭编的解释（一）

参考资料
REFERENCE

1. 亚历山大·奥斯特瓦德，伊夫·皮尼厄. 商业模式新生代 [M]. 黄涛，郁婧，译. 北京：机械工业出版社，2016.

2. 魏炜，朱武祥. 新金融时代：发现商业模式[M]. 北京：机械工业出版社，2009.

3. 梅雷迪思·R.贝尔宾. 管理团队：成败启示录 [M]. 袁征，李和庆，蔺红云，译. 北京：机械工业出版社，2017.

4. 麦克·莫耶. 切蛋糕：创业公司如何确立动态股权分配机制 [M]. 王闻，李筱莹，常逸昆，译. 杭州：浙江出版集团数字传媒有限公司，2014.

5. 卢庆华. 公司控制权：用小股权控制公司的九种模式 [M]. 北京：机械工业出版社，2019.

6. 全联军. 股权一本通：股权分配+激励+融资+转让实操 [M]. 北京：清华大学出版社，2018.

7. 李利威. 一本书看透股权架构[M]. 北京：机械工业出版社，2019.

8. 孙陶然. 创业36条军规[M]. 北京：中信出版社. 2012.

9. 华牧. 创华为——任正非传 [M]. 北京：华文出版社.2016.

致

———————— ACKNOWLEDGE ————————

谢

至此，创业团队从开展合理的股权设计、签订股东协议及其他相关协议、设计公司章程，到完成公司登记注册，既落实了公司的股权机制，也树立了创业团队各合伙人、股东之间需要遵从的行为准则，为创业的顺利推进和日后的经营管理奠定了良好的基础，这也是本书的使命。

感谢2018年以来一起奋斗过的伙伴们，正是基于这段创业经历，让我有机会对创业公司的股权设计进行深入的研究，也让我有好故事可以共享。

感谢我的朋友子陆、唐海程，没有两位帮我策划股权训练营，就没有本书的立意，援手之情，铭记于心。感谢参加过股权训练营的学员，他们的认真参与和积极反馈，让我不断涌现灵感去完善课程、充实书稿。

感谢我服务过的创业者，是他们的信赖，让我有机会将所学用于实践，将经验进行转化与输出。同为创业者的经历，驱使我下定决心完成此书，帮助更多的创业者在追逐梦想的道路上减少一些阻碍。

感谢本书的编辑张冉，她从本书的选题到写作，再到出版，持续帮我打磨细节和反馈建议，因为她的专业和敬业，才有了本书的顺利面世。

感谢我的家人们，感谢他们在我忙碌的日子里默默地支持和包容我，花费更多的精力照顾可爱的儿子，让我能够心无旁骛地创作。

感谢正在创造无限可能的每一位读者，股权设计是一种博弈，取决于不同的企业实际情况，没有一个标准的答案，现在看似完美的方案，在未来或许会成为桎梏，动态的调整机制是创业团队必须考虑和预备的。

最后，祝愿大家在创业的过程中不忘初心，打造真正具有组织活力、能够持续发展的好企业！

杨维维

2021年7月于北京